AS Level
Grammar Resource Book French

AS Level Grammar Resource Book French, Volume 1
is published by Authentik Language Learning
Resources Ltd.

Written by: Gráinne M. Byrne
Edited by: Gráinne M. Byrne

Design: Jim McPartlin, Alicia Bowes and
Alejandro Mercado
Digital Data Manager: Paul Whelan
AS Level Consultant: Marian Jones
Special thanks to Linda Richardson, Julie le
Garf, Christiane Richeux and Laure Debout.

Picture acknowledgements to
www.CartoonStock.com, Nick Zakrzewski,
El Mundo, Inpho/Allsports
and www.antelope-ebooks.com *(for
scanning and enhancement of
images in Unit 3).*

Deleted - 10/09/2003

King Edward VI
College
LIBRARY
Stourbridge
DY8 1TD

A **Photocopiable Resource**

AS Level Grammar Resource Book is
a photocopiable resource. Individual
purchasers may make copies for
their own use or for use by classes
they teach. School purchasers may
make copies for use by their staff and
students, but the permission does not
extend to additional schools. Under no
circumstances may any part of the book be
photocopied for resale. Every effort has been
made to contact copyright holders. If copyright has been
inadvertently breached, please contact the company.

Authentik

© Authentik Language Learning Resources Ltd. 2001
27 Westland Square, Dublin 2, Ireland.

ISBN 1 871730 53 8

C. No: 445
A. No: 028051

Contents

Before You Start

The AS Level Grammar Resource Book French provides the extra practice students need to develop their understanding and usage of key grammatical areas.

• This book is photocopiable. The aim is for students to create their own **Grammar Resource Folder**. Each student should, therefore, have a ring binder into which they will insert their units and any additional sheets used. The punch holes on each sheet are there to remind students to insert the sheet into their folders. The Preface and the Cover Sheet (pages 16 & 17) should be photocopied for each student and inserted into the front of their folder.

• The grammar areas have been chosen as a result of research into areas of difficulty as perceived by both teachers and students at AS level. This involved extensive analysis of students' work and consultation with teachers.

• The 12 units in this book offer practice in the chosen grammatical areas and in most cases assume a basic knowledge of the grammar point.

• The units can be completed in any order. It is however, advisable to do Unit 1: Articles and Unit 2: Auto-Correction at the beginning of the school year. Unit 1 is revision of the use of articles, while Unit 2 develops students' ability to recognise and correct their own mistakes. Unit 3 deals with French terminology and the aim of this unit is to develop independent learning strategies.

• The Teacher's Notes section gives information to the user on the aim, focus and tasks in each unit. The solutions can be found after the notes on each unit.

• A Class Record Sheet is provided for the teacher to keep a record of which units have been completed with which class and on what date. This is especially useful if the same material is used with more than one class.

• This book is interactive for those who have access to the Internet. It is linked to a **Grammar Reference Tool** on the Authentik website. On this site students can search for examples of various grammatical areas in authentic texts. When this symbol is used, students should access the **Grammar Reference Tool** if possible. You can also download a **Data Collection Chart** from the Authentik website.

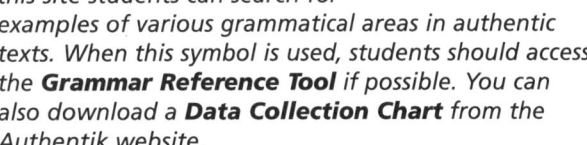

• The following symbol (a) indicates that deliberate mistakes have been made in the text or (b) draws students' attention to a particular detail.

• Having completed the units in this book, students can add to their **Grammar Resource Folder** as they come across new grammar points.

Bonne chance à tous et à toutes !

Unit 1   Articles *(pages 18 - 19)*

Aim: This unit aims to help students revise the use of articles, both definite and indefinite through the study of a recipe and various news items about sport.

Before you start: As this unit is a revision unit, it would be ideal for homework at the start of the year. Alternatively, Section A can be dealt with during class in preparation for doing Section B as homework.

Section A: Working with a recipe from a French website, students use their prior knowledge to fill in a grid with definite and indefinite articles.

Section B: In this section students practise what they have revised with a more challenging exercise where the articles have been removed from the texts.
Suggestion: Students may be asked to tackle only one of these texts as it may be time consuming for them to decide which article to insert in each gap. The gender of the missing article has been given in each case.

Further suggestion: At the end of this unit students are asked to write up key points on the use of articles. Students could use these points to design an explanatory poster for a class which is just beginning to study the use of articles.

✔ Solutions

A.1. cinq cent grammes de lard, des carottes, trois oignons, de l'huile, de la farine, une bouteille de Cahors, du thym et du laurier
A.2. "A": un, (m. sing.), une (f. sing.)
"Some": du, (m. sing.), de la (f. sing.), de l' (m/f sing. devant voyelle), des (m/f plural)
"The": le, (m. sing.), la (f. sing.), l' (m/f sing. devant voyelle), les (m/f plural)
B.1. (a) (i) la, (ii) des, (iii) le, (iv) du, (v) des, (vi) le

© AUTHENTIK 2001

(b) (i) une, (ii) des, (iii) la, (iv) du/au, (v) le, (vi) La, (vii) de l', (viii) le, (ix) du
(c) (i) Le, (ii) la, (iii) l', (iv) un, (v) de la, (vi) la, (vii) l', (viii) l', (ix) de l', (x) Le, (xi) l', (xii) le, (xiii) le, (xiv) l', (xv) une, (xvi) de la, (xvii) des, (xviii) la

Unit 2 Auto-correction (pages 20 - 23)

Aim: The aim of this unit is to help students recognise, evaluate and correct their own mistakes both in spoken and written language. Evaluating your own work is a vital part of language learning. In order for this unit to be fully beneficial, it should be completed at the beginning of the school year before working through the other grammar units.

Before You Start: Students should be encouraged during this unit to share ideas, especially when it comes to deciding upon the differences in severity between spoken and written mistakes. The final exercise in Section B would be greatly enhanced by the use of a tape recorder which would enable students to listen to their own mistakes. The worksheet on the last page of the unit should be photocopied and given to the students. They should always be reminded to check any finished work for mistakes.

Section A: These tasks focus the students' attention on the various types of slips and mistakes which are typically made by students of French. Here they have the opportunity to analyse their own mistakes. Activity A.1. would work well as a reflective piece of homework on which a class discussion could be based the following day. In exercises A.3. and A.4. students put this error recognition into action.

Section B: These activities focus on mistakes made in spoken French. Students have the opportunity to analyse the severity of mistakes comparing both spoken and written language. The worksheet on the final page of this unit should be filled in as students note their own mistakes. This sheet should be treated as a document which will change and progress throughout the school year.

✔ Solutions

A.3. Le président de la Fédération <u>internationale</u> de hockey, René Fasel, indiquait dimanche à Grenoble que <u>la</u> France pourrait obtenir <u>l'</u>organisation du Championnat du monde A en 2008. "J'aimerais que les <u>Français organisent</u> l'événement en 2008, car cette <u>année</u>-là nous <u>fêterons</u> le centenaire de notre Fédération, fondée <u>à</u> Paris", a affirmé René Fasel. Les Français qui <u>ont</u> raté la montée dans l'élite ont quelques <u>années</u> pour se remettre <u>à</u> niveau !

A.5. Roland Garros - Mark Philippoussis déclare forfait
<u>L'Australien</u> ne sera pas <u>présent</u> Porte d'Auteuil <u>à la</u> fin du mois. Mark Philippoussis souffre <u>toujours</u> de son genou. Il <u>vient</u> de subir une nouvelle intervention, la <u>deuxième</u> en 6 mois. Après avoir <u>fait</u> l'impasse sur la première levée du Grand Chelem, en janvier <u>à</u> Melbourne, le <u>demi</u>-finaliste de l'US Open 1998 <u>était</u> revenu sur le circuit et avait alors remporté le <u>tournoi</u> de Memphis en <u>février</u>. Mais en mars, au tournoi de Miami, <u>la</u> douleur a resurgi. <u>Son</u> retour sur le circuit <u>n'est pas prévu</u>. Il est possible qu'il joue à Wimbledon mais <u>s'il</u> ne se sent pas prêt, il ne se <u>rendra</u> pas à Londres.

B.1. A : <u>Est-ce que</u> tu écoutes souvent <u>la</u> radio ?
B : Non, jamais. Je préfère écouter <u>des</u> CD ou regarder <u>à</u> la télé. Et toi ?
A : <u>Moi,</u> j'écoute la radio assez régulièrement. En général, le matin quand je prends <u>mon</u> petit déjeuner ou alors <u>le</u> soir, tard, avant d'aller <u>me</u> coucher.
B : Ah bon. Et <u>tu écoutes</u> quel genre d'émissions en principe ?
A : J'aime bien écouter les infos. Elles sont <u>courtes et précises</u>. Et aussi les émissions musicales pour entendre les <u>nouvelles</u> chansons. Mais toi, tu <u>n'</u>écoutes jamais <u>à</u> la radio ?
B : Avant, <u>il y a</u> deux ou trois ans, j'écoutais la radio de temps <u>en</u> temps, mais surtout pour la musique. Maintenant, <u>je n'ai plus</u> envie. Je préfère choisir ma musique. <u>Peut-être</u> que plus tard, dans <u>quelques</u> années, je recommencerai mais pour l'instant, j'aime mieux <u>les</u> CD et la télé.

Unit 3 Termes grammaticaux (pages 24 - 27)

Aim: It is an integral part of grammar to be able to recognise grammatical terms and structures. With this in mind, this unit aims to help students look at how much they know and which areas they need to tackle before they can feel confident in their grammatical abilities.

Before you start: This unit can be used in two ways: either before tackling the rest of the units in this book, to provide background knowledge or upon completion of the book as a revision unit.

© AUTHENTIK 2001

Section A: Here, students get a chance to brainstorm on terminology with which they are already familiar. Pooling their ideas with other students will help them create a web of grammatical terms.

Section B: This section provides students with a fairy story with a twist in the tail! This is where they have the opportunity to put into practice what they know and look for specific examples of grammar within a text.

Section C: Students are asked to work individually, firstly recognising verb tenses within a given sentence and secondly, asking themselves how they came to recognise this element. What we are looking for here is for students to mention for example, clues of time-frame within the sentence, patterns with which they are already familiar, a grammatical structure that follows a rule, etc.

Section D: This section looks at additional grammatical terms and gives students the opportunity to link terms to concrete examples by recognising certain grammatical elements in their own language and relating them to French examples. The French examples are given in context as this is the way students best recognise them. Students are then asked to give their own example which will be challenging in certain cases as they may come across some terms with which they not very familiar.

Section E: This is a game which aims to test students' grammatical terminology (and their knowledge of Bond films!) while having a bit of fun.
Further suggestions:
(a) Students can be encouraged to use this exercise as a basis to test any grammatical element by altering the game. E.g. looking for only one / two words in a film / song / book / programme title.
Exemple : Qui (i) veut (ii) gagner des millions ? Students have to guess the the verbs.
Clues : (i) verbe irrégulier au présent - troisième personne singulier (ii) verbe régulier à l'infinitif.
(b) Playing with words. Take a simple two / three word phrase. It's up to the students to play with it and make it interesting by adding words to it! Replacing or adding words, a phrase can be completely transformed. Following each numbered grammatical point, students take turns to alter the phrase. e.g. student 1 adds a verb, student 2 a noun etc. Thia game can even be used as homework to test what students have learned.

Example:	*Le pirate...*
1. Verbe	Le pirate perd...
2. Nom	Le pirate perd un perroquet
3. Adjectif possessif	Le pirate perd son perroquet
4. Préposition	
5. Adjectif	
6. Adverbe	
7. Verbe au Futur	
8. Pronom relatif	
9. Article défini	
10. Négatif	

✔ *Solutions*
B. Préposition : dessus, près de, dans. Passé Composé : est allé, a apporté, a décidé, s'est assise, a envoyé, a entendu, s'est retournée, a vu, a sauté, a sorti, a tiré, est mort, s'est sauvé. Imparfait : habitait, était, fallait, n'avait pas, marchait, faisait. Adjectif possessif : sa. Adjectif : petit, grand, malade, chaud, rouge. Adjectif démonstratif : ce. Article défini : le, la. Article indéfini : un. Conjonction : mais, et. Verbe réfléchi : s'arrêter, se reposer, s'est assise, s'est retournée. Subjonctif : (il fallait qu'elle) traverse. Complément d'objet indirect : lui. Pronom personnel : elle, il. Préposition relative : qui.
C.2. (a) éviteraient, (b) a commencé – passé composé, c'était – imparfait, (c) vaincre, (d) augmentera, (e) pris, (f) félicita, (g) a, a, (h) soit passée, (i) j'aurai terminé, (j) fasse, (k) me mettre
D.1. 1. (l), 2. (d), 3. (n), 4. (g), 5. (b), 6. (c), 7. (h), 8. (f), 9. (e), 10. (i), 11. (m), 12. (k), 13. (a), 14. (j), 15. (p), 16. (o)
D.2. (a) 8, (b) 7, (c) 5, (d) 15, (e) 12, (f) 16, (g) 6, (h) 2, (i) 13, (j) 3, (k) 11, (l) 14, (m) 10, (n) 4, (o) 9, (p) 1
E. (a) Les diamants sont éternels, (b) L'homme au pistolet d'or, (c) Le monde ne suffit pas, (d) L'espion qui m'aimait

Unit 4 **Prépositions** *(pages 28 - 33)*

Aim: This unit starts out as revision of some basic prepositions by looking at accommodation in a student residence and develops into the introduction of what may be new prepositions for many students, including prepositions of position in a diagram or a photo.

© AUTHENTIK 2001

Before you start: The first section in this unit relies on prior knowledge of certain prepositions such as " a côté de, en face de, entre, au bout de, loin de " etc. It is advisable to ensure students have at least a few of these prepositions before tackling exercise A.1.

Section A: Through the medium of a game students practise the use of certain prepositions. This exercise works best if students work in groups discussing where to put people. By concentrating on the activity, the prepositions are used without too much thought. At the end of this section students gather the words they have revised so far and group them in a manner which is meaningful to them.

Section B: In this section students revise the use of prepositions to describe where someone comes from (town, country etc.) Some of this will be revision but some will be new and it would be beneficial to students to complete this task in pairs if possible.

Section C: This text is based on an authentic news report about an accident. Students are encouraged to try to fill in the blanks without any help at the beginning. This would work well as a group activity. In Exercise 3 encourage students to use the drawing of the accident as an aid and to use as many prepositions as possible to describe the position of the vehicles before the accident. Exercise 4 asks students to write details of the position of each car during the accident and to explain what happened to it. Students can write the sentences for this exercise on a sheet and insert it into their **Grammar Resource Folder**.

Section D: English translation is required in Exercise D.1. to aid the build-up of vocabulary to describe positions in a photo.
Suggestion: A time limit can be given to students to describe the photo adding an element of competition to Exercise 2. They could work in small teams.

Section E: This series of games is designed to revise all of the prepositions used in this unit.

✔ Solutions

A.1. Chambre A: Le conseiller universitaire, Chambre B: Jean, Chambre C: Charlotte, Chambre D: Caroline, Chambre E: Charles, Chambre F: Anne, Chambre G: Frédéric, Chambre H: Géraldine

B.1. Caroline: à Paris, Anne: en Angleterre, Le conseiller: à la Martinique, dans l'Atlantique, Jean: en Normandie, Charles: aux Etats-Unis, Géraldine: en Asie, Frédéric: en Afrique, Charlotte: à Cuba

C.2. (a) derrière, (b) derrière, (c) derrière, (d) vers, (e) dans, (f) devant, (g) à côté de, (h) loin du

C.4. *Example:* Le Camion Pegaso roulait derrière toutes les voitures. L'Opel Kadett roulait derrière la Renault 21, devant l'Opel Astra. La Renault 21 roulait devant toutes les voitures sur la voie de gauche.

D.1. au premier plan - in the foreground, à l'arrière plan - in the background, au milieu - in the middle, au fond - at the back, dans le coin - in the corner, sur la droite - on the right-hand side, dans la partie inférieure - in the bottom half, à l'horizon - on the horizon

D.2. *Example:* Au premier plan de la photo on voit un grand bateau. Derrière ce bateau il y a plusieurs autres bateaux. Sur la droite de la photo, à côté des bateaux, il y a beaucoup de gens qui marchent sur le quai. Au fond on ne voit pas ce qu'il y a, certainement d'autres bateaux. Sur la gauche de la photo on voit un homme qui regarde passer la foule... etc.

E.2. *Words hidden (marked with lines) are:* au dessous, en bas de, à droite de, à côté de, dans, vers, sous, sur, devant, loin de, derrière, en, au milieu, entre, en face de

A	U	D	E	S	S	O	U	S	E
D	A	A	O	U	A	E	T	A	N
R	C	E	L	R	L	N	N	U	B
O	O	S	U	O	S	C	A	M	A
I	T	S	U	P	N	Y			
T	E	S	N	M	O	N	E		D
E	R		B	I	E	R	D		E
D	E		R	E	I	R	R	E	D
E	N	V	E	N	T	R	E	U	I
T	S	E	D	E	C	A	F	N	E

© AUTHENTIK 2001

 **Unit 5** **Conjonctions** *(pages 34 - 37)*

Aim: The typical conjunctions used by students are « et », « mais », « parce que » etc. This unit encourages them to diversify their use of conjunctions and through looking at various news stories from the French press students will pick out lots of new examples.

Before you start: It is important that students understand the concept of a conjunction before starting this unit. The final exercise will work well if done by small groups of students.

Section A: The news items in this section use a variety of conjunctions which enable students to learn about those which are followed by the indicative and those which are followed by the subjunctive.

Section B: In a studio discussion Patrick tells a humorous story and students are provided with sentences which they have to complete based on the information in the story.

Section C: This free-writing section with picture stimuli gives students the opportunity to be imaginative and create advertisements for new products, using some of the conjunctions they have learned.
Suggestion: A competition for the best advertisement in the classroom based on the work done in Section C.

✔ *Solutions*

A.1. (b) (i) avant que, pour que, (ii) mais, vu que, (iii) mais, (iv) une conjonction sert à joindre deux parties d'une phrase, (v) faux (elle peut aussi être au début)
A.2. Tabagisme passif : puisque + indicatif
Handball - Costantini : parce que + indicatif, pourvu que + subjonctif
Pékin : afin que + subjonctif
Vache folle : sans que + subjonctif
Michel Brunone : de peur que … ne + subjonctif
On vous mène : alors que + indicatif
A.3. Indicatif : ainsi que, vu que, depuis que
Subjonctif : de facon à ce que, quoique, avant que, à moins que … ne
N'importe quel temps : c'est-à-dire, car, ou, mais, alors, et, donc, par contre
A.4. (i) et, (ii) mais, (iii) tandis que / alors que, (iv) où, (v) et, (vi) ainsi que, (vii) comme, (viii) et
B.2. *Example:* Les invités font attention quand ils mangent chez Marie et Patrick de peur que Marie ne fasse encore une erreur ! Les invités ont continué à manger le repas bien que le goût soit dégoutant ! Marie vérifie toujours les bocaux avant de faire de la sauce depuis qu'elle a fait l'erreur de servir du Nescafé comme sauce ! Les invités leur rendront encore visite, par contre, ils ne mangeront pas la prochaine fois ! Marie cuisine très bien alors que Patrick est nul en cuisine ! Marie s'est trompée de bocal, c'est-à-dire qu'elle n'a pas remarqué la différence entre les bocaux de sauce et de café !

Unit 6 **Passé Composé** *(pages 38 - 41)*

Aim: This unit concentrates on revision and practice of the Passé Composé and its formation. News headlines are used to highlight some examples of the tense in action.

Before you start: Recognition of this tense and knowledge of what a Past Participle is will be helpful for the first few exercises. Students are asked to write in the past tense in exercise A.2. so this unit is not suitable for students who have not studied the Passé Composé at a basic level previously. This unit can be completed individually but there are two classroom activities for practice.

Section A: The first exercise enables students to revise the Passé Composé using examples of authentic headlines. Students are then asked to write a short piece in the past tense. The aim of this exercise is to give students the opportunity to use the Passé Composé with reflexive verbs, agreements etc. The emphasis here is not on perfection. At the end of the unit, students will have the chance to correct their work, aiming for perfection. Exercise 3 invites students to draw their own conclusions about the formation of the Past Participle for regular verbs.

© AUTHENTIK 2001

Section B: This section deals with verbs taking "être" in the Passé Composé asking students to compose funny sentences.
Note: It has not been possible due to space constraints to deal with reflexive verbs in the Passé Composé. At this stage in the unit it may be advisable to cover this point in class.

Section C: This section draws students' attention to the agreements which occur when using the Passé Composé. It is advisable to read the solutions to Exercise 1 before completing the exercise in class to see exactly what is being asked of the students.
Note: Again, this section (agreements when using the Passé Composé) is not exhaustive and may be covered in more detail in class. The phrases in Exercise 3 may or may not contain mistakes and serve to test students' recognition of where agreements occur. This can be done as homework.

Section D: Now students return to their written piece from Section A (Exercise 2) and correct it. Then a classroom activity of a memory game gives students the chance to practise the Passé Composé in a fun way.

✔ *Solutions*

A.1. Règle: Pour formuler le Passé Composé, il faut les éléments suivants : avoir ou être au présent + le Participe Passé du verbe.
A.4. voir, vouloir, pouvoir, avoir, boire, connaître, croire, courir, dire, être, lire, prendre, faire, falloir, recevoir, rire, savoir, suivre
B.1. tomber, mourir, venir, aller, arriver, rester, entrer, partir, sortir, retourner, naître, monter
B.2. descendu, tombé, mort, venu, allé, arrivé, resté, entré, parti, sorti, retourné, né, monté
C.1. (a) "Devenue" : "la chanteuse" is feminine and the verb takes "être", so the verb ending must agree and takes an "e"
(b) "Préparés", "les politiciens" is masculine plural so the verb takes an "s" (c) "arrivée", "la grenouille" is feminine so the verb takes an extra "e" (d) "se sont trompés", "les météorologistes" is plural so the verb takes an "s".
C.3. (a) Ils sont <u>tombés</u> amoureux. (b) no change (c) Martine est <u>partie</u> faire les courses. (d) Mes professeurs se sont <u>fâchés</u> quand j'ai laissé mes devoirs à la maison. (e) Elle est <u>restée</u> à la maison parce qu'elle est sortie hier soir. (f) Ils sont <u>venus</u> plus tôt que prévu. (g) Mes tantes sont <u>arrivées</u> ce matin pour fêter l'anniversaire de ma mère.

Unit 7 — Imparfait ou Passé Composé ? *(pages 42 - 45)*

Aim: Many students get confused when it comes to the uses of the Passé Composé and the Imparfait. This unit simplifies matters by getting students to perform exercises which lead them to a better understanding of their uses by examining real headlines. It also allows them to form their own rules as to when to use both tenses.

Before you start: This unit relies on students having studied both the Imparfait and the Passé Composé previously. There is a revision section for formation of both but it is very brief and Section A requires students to be familiar with both tenses.

Section A: The first exercise is based on sentences containing mistakes – confusing both tenses. The idea behind this exercise is to give students the opportunity to see how much they know about what "sounds" right in the use of the Passé Composé and the Imparfait.

Section B: This section asks students to recognise both tenses again and decide why each tense is used in particular situations.
Note: This section is quite challenging and may be tackled more easily by students working in pairs or small groups.
Suggestion: Exercise 4 may be completed as homework and students could make a poster or wall-chart as a revision aid or a learning tool for other classes.

Section C: This section may be completed as homework as it is revision of formation of both tenses. (See suggestion below)

Section D: The first activity is a classroom activity and the most important part of this exercise is that the verb use and formation is correct. Ask students to pay attention to these before playing the game. The second exercise can be done in small groups or alone, concentrating on the uses of both tenses.
Suggestion: Exercise 2 can be completed as an add-on to the homework from Section C.
The final exercise, D.3., can be completed in class or at home.

✔ *Solutions*

A.2. Corrected texts: (a) Le film que je déteste s'appelle « Pulp Fiction ». Ce film ne m'a pas plu parce que c'était violent et je n'aime pas ce genre de film. Je suis allé le voir avec mon copain. Il l'a adoré. (b) Quand j'avais 14 ans, je n'aimais pas l'école. Je n'aimais pas mes matières, surtout l'histoire et la biologie. Je détestais me lever chaque jour pour aller à l'école. Maintenant j'aime ce que j'étudie et je m'amuse plus à l'école. (c) Quand j'avais huit ans, on m'a offert un chat. Je prenais soin de lui, je lui donnais à manger, je le nourrissais et je le nettoyais. J'étais triste quand il est mort. (d) « Comment ai-je perdu mon travail ? Alors, le jour de mon renvoi, mon chef m'a dit que je parlais tout le temps avec les clients. Mais, je parlais avec les clients parce qu'ils me posaient des questions tout le temps ! » (e) Quand j'avais seize ans, mes parents m'ont acheté un ordinateur. Je l'utilise beaucoup maintenant.

B.3. (i) Imp, (ii) Imp, (iii) P.C., (iv) Imp, (v) Imp, (vi) Imp

C.1. (a) téléphoné, réuni, mordu

(b) tomber, mourir, venir, aller, arriver, rester, entrer, partir, sortir, retourner, naître, monter, descendre, verbes réfléchis

C.2. (a) Pour formuler l'Imparfait d'un verbe régulier il faut prendre le "nous" du verbe au Présent, enlever le "ons" et ajouter les terminaisons à la fin du verbe.

(b) « er » / « ir » / « re »

Je	-ais
Tu	-ais
Il / Elle / On	-ait
Nous	-ions
Vous	-iez
Ils / Elles	-aient

D.2. Hier après-midi, je conduisais l'autobus comme d'habitude sur la route 216 qui passe par la rue St. Germain. Tout a commencé quand je me suis arrêté. Je crois qu'il était environ deux heures. Je suis descendu parce que j'avais un problème avec l'une des portes à l'arrière du bus. Le bus a démarré, j'ai essayé de remonter dans le bus mais c'était trop tard. J'ai couru derrière mais le bus est parti et a commencé à descendre la pente. Il y avait une douzaine de passagers à l'intérieur. Le bus a terminé sa course folle quand il a percuté le mur d'une maison.

Vol. 6 No. 3 *étincelle*

Unit 8 — "Si" (pages 46 - 49)

Aim: This unit analyses and develops students' knowledge of different tenses used in "Si" clauses based on superstitions. It is a practice unit which relies on students' familiarity with "Si" clauses. The cartoons used provide a light note on which to end the unit.

Before you start: This unit works best when students are comfortable with the recognition and conjugation of the following tenses: Présent, Passé Composé, Imparfait, Futur, Impératif. It is quite a challenging unit and should perhaps be worked through in stages with weaker classes to reaffirm some of the information with additional exercises.

Section A: Working with superstitions (some French, some not!) students practise the use of "Si" clauses containing the combination: "Si" + present tense + present tense/future tense/imperative.

Section B: Through the medium of cartoons, students look at the use of "Si" clauses with the Imparfait and Plus-que-parfait. The samples of text used are taken from the **Authentik Resource Bank** and use a combination of all of the tenses covered in the unit so far. In exercise 5 students are given a slightly freer exercise where they choose the type of "Si" clause they feel most comfortable with to create cartoon captions.

Section C: The desert island game is a group activity which is designed to elicit responses where the emphasis is placed on using "Si" clauses to express views and get a point across.

✔ *Solutions*

A.1. 1. Si tu passes sous une échelle, ça porte malheur
2. Si une araignée file de haut en bas dans une maison, tu recevras bientôt de l'argent

© AUTHENTIK 2001

3. Si tu rencontres un chat le matin où tu pars en voyage, c'est mauvais signe

4. Si une jeune fille marche sur la queue d'un chat, elle ne se mariera pas dans l'année

5. Si un couteau tombe pendant le repas, attends de sortir de table pour le ramasser

6. Si tu touches du bois, tu peux conjurer un sort

7. Si tu allumes trois cigarettes avec la même allumette ou la même flamme, ça porte malheur non seulement au troisième fumeur, mais aussi aux deux autres.

8. Si tu vois une araignée le matin, ça annonce du chagrin

9. Si le chat tourne le dos au feu, il signale qu'un naufrage se produira

10. Si tu veux te rappeler de faire quelque chose, fais un nœud à ton mouchoir

A.4. (a) 1, 2, 3, 6, 7, 8, 9 (b) 10, 5

A.5. 'Si' + Présent = Futur

A.6. Quand la phrase commence avec « Si » et un verbe au présent, le verbe dans la deuxième partie de la phrase est soit au présent, soit au futur, soit à l'impératif.

A.7. *Examples:* Si tu casses un miroir, ça porte malheur pendant sept ans; Si tu manges une pomme par jour, tu n'auras pas besoin d'aller chez le dentiste; Si un chat noir croise ton chemin ça porte chance; Si tu ouvres un parapluie dans la maison ça porte le malheur; Si le treize tombe un vendredi, tout ira mal !

B.2. "Si" + un verbe à l'Imparfait = (c) Conditionnel passé, "Si" + un verbe au Plus-que-parfait = (b) Conditionnel présent.

B.3. (a) Le plus haut magistrat du royaume, Lord Harry Wolf, a finalement rétabli le premier verdict de huit ans d'incarcération. Si la commission de mise en liberté donne son aval, Thomson et Venables <u>seront</u> relâchés sur parole en février. Elèves sérieux, ils envisagent de s'inscrire à l'université.

(b) La publicité fait appel aux émotions pour inciter le consommateur à acheter un produit. Si l'image est largement utilisée, les sociétés <u>font</u> également de plus en plus appel à l'odorat. La mémoire olfactive est intimement liée aux émotions.

(c) Si j'avais vraiment la possibilité d'être exigeant, je ne <u>serais</u> pas ici.

(d) Selon le porte-parole du syndicat si le ministère de la Santé avait su que les infirmières allaient faire la grève, il <u>aurait essayé</u> de trouver une solution au problème du salaire plus tôt.

Unit 9   Poser des questions *(pages 50 - 55)*

Aim: This unit takes a look at the different ways in which questions can be asked to add variety to both conversations and written texts. The website reference for the questions used in this unit is *http://perso.club-internet.fr/stedicom.*

Before you start: The opening task in this unit is one based on classroom learning but can be prepared by individuals at home. The importance is placed on the question-asking, not the results of the survey.

Section A: The opening part of this unit invites students to make up a short questionnaire based on cinema. The way students ask their questions is the main focus of this exercise and this point will be examined at a later stage in the unit (Section D). Exercises 5 and 6 look at the way in which a certain question will prompt a certain type of answer. The clues are often in the question or the answer, and students need to be aware of this.

Section B: This section continues with the theme of looking at certain types of responses which match certain types of questions. Students then formulate their own questions.

Section C: In this section, students look at different methods of asking a question and identify them by separating them into different question-types, (Exercises 1 and 2). The exercise then moves on to ask students to examine how these questions are formed by comparing them to affirmations containing the same information and discovering whether, for example, the subject and verb are inverted or "est-ce que" is placed before the affirmation to create a question, etc. The practice exercises (Exercises 4 / 5 / 6) are designed to enable students to practise all of the different question types they have encountered so far, varying the type they use.

Note: Question 6 asks students to compare their work; this lets students see how others in the class vary their questions.

Section D: The questions looked at here are those containing prepositions. Students are asked to examine how they are used and to practise using them themselves. In Exercise 4 students return to the questions they asked in the survey at the beginning of the unit and alter their question type if it is uninventive or repetitive.

Section E: Now we return to the quiz. This time the students ask the questions!

Section F: This authentic text provides a framework for students to insert questions. In the final part of the exercise students invent and conduct an interview practising their question-asking techniques. The idea is to have fun while using what they have learned in this unit.

✔ Solutions

A.4. (a) Kate Winslet, (b) Hôtesse de l'air, (c) Wes Craven

A.5. (a) Qui, (b) Qui, (c) Dans quelle ville, (d) Qu'est-ce

A.6. (a) Martin Scorsese, (b) A. Schwarzeneggar, (c) New York, (d) Un sous-marin

B.1. (a) Une personne, (b) Une chose, (c) Une chose, (d) Un endroit

B.2. (a) Emily, (b) un manteau en fourrure, (c) la dinde, (d) à l'armée du salut

B.3. (a) Qui interprète le personnage de Buffy ?, (b) Où Buffy a-t-elle été née ?, (c) Quel est le nom de famille de Buffy ?, (d) Quel est le "surnom" de Buffy ?

C.3. *See C.2. for significance of letters* (b) E, A (c) S, (d) S, (e) A, (f) S

D.2. Parce que les verbes utilisés sont suivis de *à, de, avec,* etc. Il est important de les apprendre !

E.1. Ally McBeal: (a) Avec qui – Renée, (b) Quelle – avocate, (c) De quelle – blonds, (d) Quel – Petit Bonhomme

Les Simpson: (a) Qui – Bart, (b) Comment – Moe, (c) De quel – du saxophone, (d) De quoi – de l'avion

Dawson: (a) Dans quelle – Capeside, (b) Quel – Potter, (c) Quelle – le cinéma, (d) Avec qui – sa sœur

Note: Ask students to look for more examples of questions in action by consulting the **Authentik Grammar Reference Tool.**

GRAMMAR REFERENCE TOOL

www.authentik.com

Unit 10 Négation *(pages 56 - 61)*

Aim: In this unit students examine negatives and the positions of negatives particularly within compound tenses. The text used at the beginning of this unit is an interview with a French woman who is a diver.

Before you start: This unit assumes some previous knowledge of negatives. Students will be required to work in pairs or groups at various stages during this unit.

Section A: Students are asked to go straight into an analysis of negatives by responding to certain types of questions. Exercise 2 requires students to identify and underline the different parts which make up the negative in French. They then organise them into a table in a way which will help them understand what each negative refers to (e.g. person, place, time, object etc).

Section B: The "sandwich" part of this unit is a visual to help students to recognise where each element goes within a negative sentence in the present, future, Passé Composé and the infinitive. It also gives examples of sentences containing certain pronouns which are often misplaced in negative sentences. Exercise 2 is based on sentences containing mistakes of position in negative sentences. The productive task at the end of this section gives students a more creative way of practising the use of negatives.

Section C: This section concentrates on the use of "du, de la, de l', des" etc. within negative sentences. It asks students to use what they know already to create a rule.

Section D: Using the topic of the environment, the negative as the subject of a sentence is examined. Its position and use are analysed. Students now have the opportunity to gather up all of the negatives they have looked at and worked with in the unit.

Note: It would be advisable at this point to ask students to note all of the negatives on a **Data Collection Chart** (see *www.authentik.com*) and to put them into their **Grammar Resource Folder** alongside this unit.

Section E: The first task in this section takes the form of a formal letter about the problems of rubbish. The second task is a cartoon where students create a negative caption using vocabulary provided.

✔ Solutions

A.2. (a) (iii), (b) (viii), (c) (vii), (d) (iv), (e) (v), (f) (ii), (g) (vi), (h) (i)

A.4. (a) tout – rien, absolument – pas du tout, toujours – jamais, partout – nulle part, (b) que ? – rien, quel ? – aucun, qui ? Personne, déjà ? – pas encore, où ? – nulle part, quand ? - jamais

© AUTHENTIK 2001

B.1. (a) Ne + verbe + pas, (b) ne + verbe auxiliaire + pas + participe passé, (c) ne + verbe + pas

B.2. (a) Elle <u>ne veut pas</u> passer ses examens. (b) Si je gagnais au lotto <u>je ne travaillerais plus</u>.
(c) Je suis désolé, <u>je ne l'ai pas vu</u>. (d) Il m'a conseillé de <u>ne pas investir</u> mon argent dans les actions. (e) <u>Il n'a ni</u> bon sens <u>ni</u> intelligence. (f) <u>Ils n'ont vu</u> aucun homme. (g) <u>Il n'a aucune</u> idée originale. (h) Tu veux que je t'emmène à l'école ? Je suis désolé. <u>Je ne peux pas le faire.</u>

B.3. *Example:* Je ne me suis jamais approché(e) des casiers du troisième étage. Je n'ai rien volé. On ne me croit jamais quand je dis la vérité. Personne ne m'a vu(e) près des casiers, il n'y a aucune preuve que c'était moi le voleur / la voleuse. Je n'ai ni besoin des affaires volées, ni raison de voler quoique ce soit.

C.2. *Our suggestion*: « Les membres du syndicat n'ont pas d'initiative. Ils n'ont pas d'ambition et ne veulent pas du tout améliorer leur situation. Le chef de réseau ne reçoit aucune plainte des conducteurs sur les passagers qui n'ont jamais de mauvaise attitude. Les passagers acceptent le mauvais service, c'est tout. A mon avis, il ne faut absolument pas avoir de courage pour faire grève. Ces hommes n'aiment pas tellement leur travail à mon avis et ils n'ont jamais essayé d'avoir un bon rapport avec le public. »

D.1. (ii) (a) vrai, (b) faux, (c) vrai à l'oral

D.2. Mais, rien n'est prouvé. Aucune industrie en particulier se sent assez responsable pour trouver une solution. Personne ne nous empêche d'organiser une décharge publique pour les déchets en papier.

E.2. *Example:* Tu ne conduis jamais avec prudence ! Fais attention ! Ne roule pas trop vers la gauche, n'oublie pas qu'il y a un virage devant, alors conduis doucement ! Ne conduis pas trop lentement non plus, il y a une chute de pierres après le prochain virage. Je vois sur le plan qu'il y a un rond-point sur la route. Tu ne cèdes jamais le passage quand il le faut. N'ouvre pas les fenêtres, je suis allée chez le coiffeur ce matin et je ne veux pas être décoiffée !

 **Unit 11** **Subjonctif** *(pages 62 - 65)*

Aim: This unit takes a look at expressions which take the subjunctive through the medium of a letter written by a mother to her son and briefly revises the formation of the present subjunctive. It also provides some practice in the past subjunctive.

Before you start: This unit relies on quite a lot of previous knowledge and recognition of the subjunctive in action. There is revision of the formation of the subjunctive in Sections B.1. and B.2. which may be tackled first if the students need to be reminded of the subjunctive before tackling the other exercises. The unit works best however, if Section A is completed first. Section C may be left until later in the year if necessary.

Section A: In this section students are asked to remind themselves of some of the expressions which take the subjunctive and to group them.
Suggestion: There may not be sufficient space for students to write all of the expressions they know here, so it would be advisable to download a **Data Collection Chart** and add it to their **Grammar Resource Folder**.

Section B: Working with the verbs from the text, students briefly revise the formation of the subjunctive. The letter of reply that the students write is to practise using the subjunctive in the present tense.

Section C: In this section students have the opportunity to examine the differences between the past and present subjunctives and formulate rules based on their work. Students practise the past subjunctive by expressing opinions on short texts taken from the **Authentik Resource Bank**.
Suggestion: Students may be given one article on which to comment and discuss their opinions with the class.

Section D: This game can be played in the classroom with extra points being awarded for the funniest, most grammatically-correct phrases. The final task in this section is one to be completed individually by students using as many subjunctives and expressions as possible to practise what they have learned. This exercise would be ideal for homework.

✔ Solutions

A.1. Verbes au subjonctif: tu aimes, tu ne dépenses, je te dise, tu commences, tu puisses, tu trouves, ça te prenne, tu sois
Expression d'émotion : je suis très contente que
Expression de doute / incertitude : je ne pense pas que
Expression de préférence / souhait : j'aimerais que
Conjonctions qui prennent le subjonctif : avant que, afin que
Phrases impersonnelles : il faut que, il vaut mieux que, il suffit que
A.3. (i) il me semble que, elles espèrent que

© AUTHENTIK 2001

B.2. Take the " ils " form of the verb in the present tense. Remove the ending and add the subjunctive endings to the stem. The endings for regular " er ", " ir " and " re " verbs are " e, es, e, ions, iez, ent "

C.2. (a) vrai, (b) j'aie, tu aies, il ait, nous ayons, vous ayez, ils aient

(c) je sois, tu sois, il / elle soit, nous soyons, vous soyez, ils / elles soient

C.3. (a) ait, *Examples:* (b) Je doute que ce garçon aille au prison, (c) Il est probable qu'il s'en sorte bien, (d) Cela m'étonne que les gens puissent emporter le bois gratuitement, (e) A mon avis... de peur qu'il ne perde la prochaine éléction, (f) Il est incroyable que personne n'ait été tué, (g) Il semble que l'orage ait fait beaucoup de dégâts en seulement cinq minutes, (h) Je suis étonné que Romain ait survécu, (i) Il se peut qu'il souffre du choc plus tard.

Unit 12 **Pronoms** *(pages 66 - 71)*

Aim: This unit is divided into two parts. The first is a revision of direct and indirect object pronouns followed by work on relative pronouns and the general use of pronouns. The second part of the unit is more advanced and assumes a lot of knowledge on the topic of pronouns. The texts used in this unit are taken from various French news sources featured in the **Authentik Resource Bank**.

Before you start: This unit is mainly a revision unit and it is advisable to tackle it once some study of direct, indirect object and relative pronouns has been completed. However, Section B may be tackled prior to the rest of the unit if students need to do some background work on direct and indirect object pronouns. It may aid students to work in pairs throughout much of this unit.

Pronoms I

Section A: The exercise in this section gives students the chance to revise or test what they know about certain pronouns.

Section B: This section is devoted to examining direct and indirect object pronouns. It takes sample sentences and asks students to work with them in a slow and methodical manner to learn how and where to use each one of these pronouns. The written exercise in Exercise 4 provides students with concrete practice for use of these pronouns.
Suggestion: Students may like to devise a short class lesson based on the points gathered in B.3. and present it to another class who is learning the same grammatical point.

Section C: In this section students are required to read short news items and link sentences using relative pronouns. They then analyse the use of the different relative pronouns.

Section D: Once students have completed the work on the different pronouns they will be able to tackle a piece of text in which all of the pronouns have been extracted. Upon completion of this work students will be able to see the true importance of using pronouns in written/oral work.

Pronoms II

Section A: Here students are provided with a grid to fill in with all of the different types of pronouns they know. The list is not exhaustive and students may add to it throughout the year as they encounter more examples.
Suggestion: This unit would greatly benefit from the use of the **Authentik Grammar Reference Tool** to look for more examples of pronouns in real texts. They may deduce their own rules as to the use of the various different types of pronouns through study of these examples.

GRAMMAR REFERENCE TOOL
www.authentik.com

Section B: This is a practice section in which many of the pronouns students have come across and put into the grid are put to use. Exercise 2 provides a real example of text where the pronouns have been omitted. Students are asked to use what they have learned to fill in the blanks.
Suggestion: In Exercise B.1. the list of pronouns missing from the text is given but teachers may suggest that students cover this list and attempt the exercise, uncovering the words only when they get stuck.

Section C: This exercise is meant to provide a sharing of information. The "Idiot's Guide" can be used as a revision tool at the end of the year when each group chooses one pronoun type and presents it in a clear and concise manner to the rest of the class answering any questions which may arise about the pronouns they have chosen.

© AUTHENTIK 2001

✔ *Solutions*

Pronoms I

A.1. • De retour en France, la plupart des athlètes doivent chercher un emploi pour vivre et découvrent qu'on ne <u>les</u> attend pas. • Voici un de ces albums de rock <u>qui</u> ont marqué le XXème siècle. • Ce film relate l'affrontement entre un policier et un criminel. Il <u>nous</u> montre aussi une Amérique peu reluisante. <u>Celle</u> du racisme et des ghettos noirs hispaniques. • Je <u>me</u> décide enfin à vous écrire. Je n'ai plus envie de sortir, je n'ai plus envie de rien faire. • Voici l'homme <u>dont</u> toutes les filles françaises rêvent. Apparemment, aux Etats-Unis, pays où il réside actuellement, les Américaines <u>l</u>'apprécient beaucoup ! • Finalement, elle <u>s</u>'enfuit pour Dakar où elle récupère un billet d'avion. Son ami <u>le lui</u> fait parvenir. Elle <u>lui</u> doit tant. • Elle a enchaîné les « petits boulots » comme vendeuse ou serveuse: « Je tenais quelque temps mais je <u>m</u>'en allais, n'en pouvant plus. Les horaires de travail ne sont pas <u>ceux</u> de l'école ». • Ce sont mes frères. Ce <u>qui</u> leur arrive est terrible. Ils <u>me</u> font de la peine. <u>Eux</u>, ils ont beaucoup souffert. • Nous n'avons maintenant besoin que de deux cent mille francs grâce à votre générosité. Un donateur anonyme <u>nous</u> a offert vingt mille francs hier. • Il n'a pas envie d'acheter une maison en Angleterre. Ses parents <u>en</u> ont déjà une et il passera la période de tournage dans <u>la leur</u>. • Jonathan Edwards est une énigme pour <u>lui-même</u>. Le 7 août 1995, aux championnats du monde de Göteborg, il saute 18,19 m au premier essai; 18,29 m au deuxième, devenant le premier triple sauteur au-dessus de 18 mètres. En trois semaines, il venait d'améliorer son record personnel de 30 centimètres. Comment? Il <u>se le</u> demande toujours.

B.1. (a) billet d'avion, (b) à elle, (c) Le = pronom objet direct, lui = pronom objet indirect

B.2. (a) Les restaurants fastfood ne doivent pas faire croire '<u>à nous</u>'... Nous = à nous (ind)
(b) J'attends <u>tes frères</u>... Les = tes frères (dir)
(c) Donne le livre <u>à Geoffroy</u>... Le = le livre (dir), Lui = à Geoffroy (ind)
(d) ...que je propose '<u>à vous</u>'... Vous = à vous (ind)
(e) Je veux voir <u>la robe</u>... La = la robe (dir)
(f) Je suis venu dire au revoir <u>à Ludovic</u>... Lui = à Ludovic (ind)
(g) Personne n'aime <u>les inspecteurs du permis de conduire</u>... Les = les inspecteurs du permis de conduire (dir)

B.4. (a)...Il lui a demandé une cigarette... il lui a parlé brusquement... il l'a poussé... il l'a suivi... il lui a crié après.
(b) il lui a dit que... il lui a répondu... il ne lui a prêté aucune... il est passé devant lui... il ne lui a pas répondu

C.1. (i) qui (b), (ii) dont (d), (iii) qu' (c), (iv) qui (e), (v) où (f), (vi) qui (a)

C.2. (a) qui, (b) que, (c) dont, (d) dont, (e) où

D.1. *Example:* « Moi, quand j'étudie, je prends toujours beaucoup de café, même si je sais qu'<u>en</u> prendre beaucoup est mauvais. Ma mère râle parce qu'<u>en</u> plus, j'étudie avec de la musique, et je <u>la</u> mets très fort. <u>Elle</u> me dit que si je <u>la</u> mets si fort, il est impossible que je puisse bien étudier. Je <u>lui</u> explique que sans la musique je n'arrive pas à étudier. Quand je peux, j'aime étudier avec un copain. Comme ça, nous pouvons nous poser des questions et je <u>l</u>'aide. Je ne prends jamais de notes même si je sais que les professeurs préfèrent qu'on <u>en</u> prenne. Moi, j'étudie directement avec le livre, j'<u>y</u> souligne des phrases et c'est tout. »

Pronoms II

B.1. VÉRONIQUE: Et <u>toi</u> Patrick, ton groupe préféré c'est <u>quoi</u> ?
PATRICK: C'est un groupe français, <u>qui</u> s'appelle l'affaire Louis Trio. Trio, parce qu'ils sont trois jeunes garçons <u>qui</u> viennent de Paris, je pense.
VÉRONIQUE: Et pourquoi tu <u>les</u> aimes ?
PATRICK: J'aime leur musique parce que c'est un mélange de salsa, de samba et de rock. Ça <u>me</u> donne envie de danser. Ma chanson préférée <u>s</u>'appelle "Bois ton café", une petite chanson facile à retenir, facile à apprendre qu'on peut écouter comme ça le matin, <u>qui</u> nous donne une petite envie de commencer la journée, en buvant du café, en dansant un peu... Et toi, c'est <u>quoi</u> ton groupe préféré ? C'est comme <u>le mien,</u> un groupe <u>qui</u> fait de la musique rhythmée ?
VÉRONIQUE: Je n'ai pas vraiment de groupe préféré. En ce moment j'écoute beaucoup les Rita Mitsouko, c'est un groupe français, il y a simplement une chanteuse et un guitariste... et je <u>les</u> aime parce qu'en fait ils ont une musique très entraînante, <u>celle qui</u> me donne envie de bouger, très vive, même s'ils abordent des sujets <u>dont</u> on n'entend pas parler souvent dans les chansons. En général, <u>moi</u>, j'aime bien les chanteurs <u>qui</u> ont un message à donner... ouais, ce genre de musique.

B.3. (a) qui l', (b) lui, elle, (c) s', qui, (d) lui, (e) les, lui, (f) y, (g) qui, leur

CLASS RECORD SHEET

Class: _____ **Date:**

Student/Class	Unit No.	1.	2.	3.	4.	5.	6.	7.	8.	9.	10.	11.	12.
1.													
2.													
3.													
4.													
5.													
6.													
7.													
8.													
9.													
10.													
11.													
12.													
13.													
14.													
15.													
16.													
17.													
18.													
19.													
20.													
21.													
22.													
23.													
24.													
25.													
26.													
27.													
28.													
29.													
30.		1.	2.	3.	4.	5.	6.	7.	8.	9.	10.	11.	12.

© AUTHENTIK 2001

Dear Student,

This **Grammar Resource Book** is unlike any you have used before. In fact, by the time you have finished writing it, it will be quite unique. Yes, you will be writing some of it yourself!

The first thing to do is get a folder in which you will store all of your grammar units. As you write the book, use our cover sheet to record the units you have worked on.

The book is based on four principles.

• *Firstly, grammar is not a set of rules laid down by experts, which must be followed. Instead, it is better to think of it as a set of guidelines that is worked out from the way people speak and write. These guidelines are constantly changing and developing. So, the place to find grammar is not in text books, but in what people say and write. That is why all the grammar you will generate in this book will come from examining what people are saying and writing today.*

• *Secondly, a good language learner is an active one! You will be asked to look at texts (written and spoken) for the data that will allow you to work out your own set of guidelines (your own grammar). We do not expect these to be perfect. In fact, your guidelines will grow and develop just as the language you are learning grows and develops. To ensure that you are getting topical material to work on, you will be given access to further texts from the Authentik publications. When you see this symbol in a unit* ⟶ **GRAMMAR REFERENCE TOOL** *it is to direct you to more samples of language on our website* www.authentik.com **www.authentik.com**

• *Thirdly, we will be asking you to examine in some detail your own use of the language you are learning. This means you will have to study what you write and say, to see what system you are using. This is something you should not just leave to your teacher. You will be encouraged to self-correct and peer-correct. You will get into the habit of seeing if what you write or say is following some set of guidelines which you have in your head.*
Work with these guidelines. Think about them. Check them out!

• *Fourthly, language (including grammar) is something that grows rather than something you learn. It grows in ways that are different from what you think. For example, people learning English as a second or foreign language learn how to use the past tense before they get the present tense right. The same is true for the language you are learning. We don't yet understand why this happens, but it does. So this book is intended to help you to let your language grow.*

You may not be entirely comfortable with working in this way. You may, for example, prefer to be told the rules and then apply them. Of course you can do this. However, we would ask you (i) to keep gathering examples of the rule in the texts we provide, and (ii) keep analysing what you write and say.

What all of this adds up to is this; you have to take the development of your language into your own hands. Taking part in writing this **Grammar Resource Book** is part of that.

Good luck!

Dr. Seán Devitt
Dept. of Teacher Education
Trinity College Dublin

Grammar Resource Book

Name: _____

Cover sheet

1. Use this cover sheet to record units you are working on and the date.
2. As you complete a unit, add it to your Grammar Resource Folder.
3. Add any additional pages you use (exercises, practice, re-writing etc.) to the relevant unit in your folder.

UNIT TITLE	DATE
_____	_____
_____	_____
_____	_____
_____	_____
_____	_____
_____	_____
_____	_____
_____	_____
_____	_____
_____	_____
_____	_____
_____	_____

Glossary The following is a list of terms used throughout the book. Refer to them when necessary.

A l'aide de = with the help of	Corrige = correct	Note = write
A ton avis = in your opinion	Discute = talk about	Relie = link
Avant de = before	Donne = give	Relis = re-read
Cherche = look for	Ecris / réécris = write / rewrite	Remplis = fill
Choisis = choose	Essaie de = try	Retrouve = find
Ci-contre = opposite	Explique = explain	Souligne = underline
Ci-dessous = below	Les fautes = mistakes	Suivant = following
Ci-dessus = above	Indique = indicate / show	Tiré de l'article = taken from the article
Classe-les = put them in order	Lis = read	Utilise = use
Coche les cases = tick the boxes	Mets = put	Vérifie tes réponses = check your answers
Complète = fill in, finish	Les mots suivants = the following words	
Conjugue = conjugate		

Authentik

© AUTHENTIK 2001

Working through the exercises in this unit will help you to revise definite and indefinite articles. This is a language area you will have met many times already, yet it is an area where errors creep in even among advanced learners. As always, practice (with a bit of hard work) makes perfect!

A. Articles définis et indéfinis

Bœuf bourguignon Extra Bon
Ingrédients

1 kg de bœuf bourguignon

ail

500g de lard non fumé

carottes

3 oignons

huile

farine

1 bouteille de Cahors

thym et laurier

1. Regarde la recette. Ecris les ingrédients en mots.

> **Ingrédients:**
> un kilogramme de bœuf bourguignon,
> de l'ail,

Recette - Réalisation

1.
Dans un premier temps couper les oignons grossièrement, la viande en morceaux, les carottes en rondelles et émincer la gousse d'ail.

2.
Dans un deuxième temps faire revenir dans une poêle avec un peu de beurre les oignons jusqu'à ce qu'ils deviennent légèrement bruns. Les réserver.

3.
Dans votre cocotte faire chauffer l'huile, ajouter les morceaux de viande et les faire roussir avec la farine à feu vif. Y ajouter ensuite les oignons, l'ail, les carottes, le thym et le laurier et faites cuire 5 mn en remuant. Baisser votre feu à 3 puis ajouter votre vin, celui-ci doit juste couvrir votre viande. Faites cuire au moins 2 heures à feu doux... Voilà, c'est prêt !

Conseil
Servir avec des pommes de terre que vous aurez ajoutées dans votre cocotte 10 mn avant la fin de cuisson.

http://radiocom.spm.univ-rennes1.fr/recettes.html

2. Remplis la grille suivante avec (a) les articles indéfinis que tu as utilisés pour les ingrédients de la recette, (b) les articles définis de la réalisation de la recette.

Articles indéfinis   **Articles définis**

"A"		"Some"		"The"	
Un	Masc. singulier	**Du**	Masc. singulier	___	Masc. singulier
___	Fém. singulier	___	Fém. singulier	**La**	Fém. singulier
		___	Sing. devant une voyelle	___	Sing. devant une voyelle
		Des	Masc. pluriel	___	Masc. pluriel
		___	Fém. pluriel	___	Fém. pluriel

© AUTHENTIK 2001

B. Pratique

1. Lis les articles suivants et décide s'il faut insérer un article défini ou indéfini dans chaque cas. Nous te donnons quelques exemples.

(a) **_Le (m.) Parc des (m.) Princes trinque pour ses supporters._**
L' *(f.)* Union européenne de football (UEFA) a condamné hier le *(m.)* Paris Saint-Germain à une *(f.)* amende de 1 million de francs suisses (4,275 millions de francs français, 650.000 euros) et a suspendu pour trois matchs européens le *(m.)* Parc des *(m.)* Princes à (i)_____ *(f.)* suite (ii)_____ *(m.)* incidents survenus entre supporters à Paris, (iii) _____ *(m.)* 13 mars, lors (iv) _____ *(m.)* match de Ligue (v) _____ *(m.)* champions contre (vi) _____ *(m.)* club turc de Galatasaray.

INPHO/ALLSPORTS

(b) **_Vendée Globe 2000._** Ellen Mac Arthur a réalisé (i)_____(f.) performance qui va encore engendrer bien (ii) _____ (m.) superlatifs : alors qu'elle aura 25 ans en juillet prochain, (iii) _____ (f.) navigatrice anglaise s'est classée deuxième (iv)_____ (m.) Vendée Globe à seulement 24 heures de Michel Desjoyeaux, explosant elle aussi (v)_____ (m.) record de Christophe Auguin. (vi)_____ (f.) première femme (vii)_____ (f.) histoire à avoir mené (viii)_____ (m.) tour (ix)_____ (m.) monde en moins de cent jours.

(c) *Rugby. (i)* _____ *(m.) vidéoarbitrage en question après Angleterre–Australie.*
Ce fut *(ii)* _____ **(f.) première dans** *(iii)*_____ **(m.) hémisphère Nord. Samedi,** *(iv)*_____ **(m.) essai** *(v)*_____ **(f.) 97e minute qui a donné** *(vi)*_____ **(f.) victoire à** *(vii)*_____ **(f.) Angleterre contre** *(viii)*_____ **(f.) Australie a été validé après vérification par vidéo** *(ix)*_____ **(m.) action.** *(x)*_____ **(m.) recours à** *(xi)* _____ **(f.) image, habituel dans** *(xii)*_____ **(m.) rugby à XIII, et dans** *(xiii)*_____ **(m.) rugby à XV depuis cette année dans** *(xiv)*_____ **(m.) hémisphère Sud, constitue-t-il** *(xv)*_____ **(f.) solution miracle? René Hourquet président** *(xvi)*_____ **(f.) commission centrale** *(xvii)*_____ **(m.) arbitres à** *(xviii)*_____ **(f.) Fédération française de rugby n'est pas convaincu.**

INPHO/ALLSPORTS

Authentik resource b@nk

2. Peux-tu maintenant en déduire quand il faut utiliser les articles définis et les articles indéfinis ? Ecris les points clés en français.

Articles définis _____
_____
_____

Articles indéfinis _____
_____
_____

© AUTHENTIK 2001

AUTO-CORRECTION

Unit 2

How may times have you written something and not read over it? If you did re-read it you would be surprised at how many mistakes you could correct! By completing these exercises you will learn to recognise and correct your mistakes, find out what areas you need to watch out for when writing and gain practice in correcting these mistakes. You will also reflect on errors in spoken language.

A. Written Work

1. Here is a list of the top errors which are commonly made by people when writing in French. Tick the ones you make on a regular basis. Add to the list if you have common mistakes which are not mentioned here.

(a) Bad spelling ❏

(b) Not knowing when to use the Passé Composé or the Imparfait ❏

(c) Incorrect adjective endings / agreements ❏

(d) Inaccurate punctuation ❏

(e) Not knowing when to use definite / indefinite articles ❏

(f) Forgetting to put accents on words ❏

(g) Not knowing how and when to use a pronoun ❏

(h) Putting accents in the wrong place or putting the wrong accent on a word
(e.g. frére instead of frère) ❏

(i) Getting verb endings wrong ❏

(j) Incorrect conjugation of verbs ❏

(k) Not knowing when to use the subjunctive ❏

(l) Incorrect use of prepositions ❏

(m) Incorrect word order ❏

Other: _____

Other: _____

Other: _____

Other: _____

The good news is that now you have identified many of your common mistakes you can concentrate on correcting them! Some of the points mentioned above will be covered in units in this book. Others you can refer to in another grammar reference book. Take note of anything new that you learn and store it, along with the sheets from this Grammar book, in your **Grammar Resource Folder**.

2. Once you have completed a written text, you should read over it to check for any mistakes you may have made. You would be surprised at how many times you make the same one.

We have grouped these mistakes into 3 categories:

Slips	*Mistakes*	*Errors*
these are often small things which can go unnoticed but can easily be corrected on re-reading what you have written.	upon closer inspection these can be corrected with a little more thought and effort	these are things that you don't know are incorrect and will probably be left uncorrected.

© AUTHENTIK 2001

3. In the text below there are 11 mistakes, how many can you correct? Some of the types of mistakes you will encounter are – verb tenses, adjective agreement, articles, verb agreements, prepositions, plurals of nouns, accents. Write the corrections above each line of text.

ATTENTION 11 FAUTES

Le président de la Fédération international de hockey, René Fasel, indiquait

dimanche à Grenoble que France pourrait obtenir la organisation

du Championnat du monde A en 2008. "J'aimerais que les français

organise l'évènement en 2008, car cette annee-là nous fêterez le

centenaire de notre Fédération, fondée en Paris", a affirmé

René Fasel. Les Français qui a raté la montée dans l'élite ont

quelques année pour se remettre a niveau !   http://www.lequipe.fr 9/5/01

4. Now take a piece of French work which you have written and have not yet handed in for correction and check it for slips, mistakes and errors. How many can you find? Get into the habit of checking your work.

5. Now, read this text and see if you can spot all of the slips / mistakes / errors.

Roland Garros
Mark Philippoussis déclare forfait

ATTENTION 17 FAUTES

L'australien ne sera pas présente Porte d'Auteuil au fin du mois. Mark Philippoussis souffre toujour de son genou. Il viens de subir une nouvelle intervention, la deuxieme en 6 mois. Après avoir faire l'impasse sur la première levée du Grand Chelem, en janvier en Melbourne, le demie-finaliste de l'US Open 1998 été revenu sur le circuit et avait alors remporté le turnoi de Memphis en Février. Mais en mars, au tournoi de Miami, le douleur a resurgi.

Sa retour sur le circuit ne pas est prévu. Il est possible qu'il joue à Wimbledon mais si il ne se sent pas prêt, il ne se rendait pas à Londres.

http://www.lequipe.fr
9/5/01

© AUTHENTIK 2001

B. Oral work

1. Look at the following extract from a conversation between two students who are learning French. They have made some mistakes, can you spot them? Underline each one.

A : Est que tu écoutes souvent le radio ?

B : Non, jamais. Je préfère écouter de CD ou regarder à la télé. Et toi ?

A : Je, j'écoute la radio assez régulièrement. En général, le matin quand je prends ma petit déjeuner ou alors la soir, tard, avant d'aller coucher.

B : Ah bien. Et écoutes-tu quel genre d'émissions en principe ?

A : J'aime bien écouter les infos. Elles sont court et précis. Et aussi les émissions musicales pour entendre les nouveaux chansons. Mais toi, tu écoutes jamais à la radio ?

B : Avant, avait deux ou trois ans, j'écoutais la radio de temps à temps, mais surtout pour la musique. Maintenant, j'ai ne plus envie. Je préfère choisir ma musique. Possible que plus tard, dans quelque années, je recommencerai mais pour l'instant, j'aime mieux CD et la télé.

Authentik en français Vol.6 No.5

2. Now, correct the mistakes which you have underlined in the spaces beside each line.

3. Look closely at the mistakes which have been made. Try to classify them into "types" of mistake. E.g. if the person said « la soir » instead of « le soir », this is a 'masculine or feminine?' mistake. Is it very serious in your opinion? With each "type" of mistake decide how serious it is in oral work. Note your observations in the grid below.
Remember! Oral work and written work are two very different things and what may seem to be a very important mistake in written work may not be so serious in oral work.

* this is a barely noticeable mistake	** it is grammatically incorrect but the person speaking can still be understood	*** this type of mistake impedes communication and the person's message is difficult to understand
	Example: 'masculine or feminine?'	

4. Organise yourselves into groups of four. Two of you will have a short conversation (1 minute) in French about music / cinema / school / family etc. The other two people will each choose to listen to one of you and note any mistakes you make. You then discuss the mistakes and classify them into "types" and decide how serious they are as you did in the previous exercise. Fill the grid on the bottom half of page 23 with this information.
(If you are working alone, record yourself speaking and play it back as many times as necessary, taking note of your mistakes)

© AUTHENTIK 2001

Slips and Mistakes Checklist

Use the following chart to keep track of the mistakes you make on a regular basis. As you notice a mistake, note the type of mistake and write a corrected example of it in your chart. Underline the part of the word or phrase with which you have difficulty. Every time you write or prepare to say something in French, use this page as a checklist and correct your work. By doing this, you are becoming more independent as a student and are well on your way to improving your French by yourself. This can only lead to success.

WRITTEN WORK

Type of mistake	Correct example

ORAL WORK

Type of mistake	Correct example

© AUTHENTIK 2001

Grammar is full of different terminology. Knowing the terminology doesn't always mean you know your grammar, but it helps! This unit will help you to identify different elements of grammar and clarify names and terms for different structures. Use this unit to identify areas in which you feel you need extra study and practice.

A. La grammaire à la loupe !

Note tous les termes grammaticaux français que tu connais dans les cases vides.

Verbe Adverbe

LA GRAMMAIRE FRANÇAISE

Préposition Pronom personnel

B. Teste tes connaissances

L'histoire qui suit est notre version d'un conte de fée pour enfants. Lis le texte et essaie de trouver le maximum d'exemples possibles de termes grammaticaux de la liste.

Le petit chaperon rouge est allé rendre visite à sa grand-mère qui habitait toute seule dans la forêt. Comme sa grand-mère était malade, le petit chaperon rouge lui a apporté un grand panier avec du pain, du fromage, des gâteaux, une bouteille de lait et un téléphone portable en cas d'urgence. Pour aller chez sa grand-mère, il fallait qu'elle traverse la forêt où habitait un loup. Le petit chaperon rouge n'avait pas peur du loup. Elle marchait d'un bon pas. Comme il faisait chaud, elle a décidé de s'arrêter un peu pour se reposer. Elle s'est assise dans l'herbe près de la rivière et elle a envoyé un message sur le téléphone à son copain. Mais tout à coup, elle a entendu un bruit, elle s'est retournée et elle a vu le loup. Il a sauté sur le petit chaperon rouge et à ce moment-là, elle a sorti son pistolet et lui a tiré dessus. Le loup est mort et le petit chaperon rouge s'est sauvé.

 Vol. 7 No. 1

www.antelope-ebooks.com

Préposition : _____

Passé composé : _____

Imparfait : _____

Adjectif possessif : _____

Adjectif : _____

Adjectif démonstratif : _____

Article défini : _____

Article indéfini : _____

Conjonction : _____

Verbe réfléchi : _____

Subjonctif : _____

Complément d'objet indirect : _____

Pronom personnel : _____

Préposition relative : _____

C. Verbes et temps

1. Il y beaucoup de verbes et de temps à apprendre quand on étudie la grammaire française. Nous allons essayer de reconnaître et de définir les termes grammaticaux désignant les temps. Puis nous trouverons des exemples concrets. Lis les phrases et souligne le verbe indiqué dans chaque cas.

2. Explique pourquoi chacun de ces temps est utilisé (en anglais ou en français).

Exemple : (a) 'Je crois que la plupart des jeunes <u>éviteraient</u> la drogue <u>s'ils avaient</u> plus à faire.'
Souligne les verbes au conditionnel.

Explication
Si + imparfait ⟶ conditionnel

(b) 'Le jeune homme a commencé à fumer parce que c'était bien vu entre amis.'
Souligne les verbes au passé et indique s'ils sont au passé composé ou à l'imparfait.

Explication
_____
_____
_____

Explication
_____
_____

(c) 'La dépendance physique est quelque chose de difficile à vaincre.'
Souligne le verbe à l'infinitif.

(d) 'Le nombre de toxicomanes augmentera si on ne trouve pas de solution à ce problème.'
Souligne le verbe au futur.

Explication
_____
_____
_____

Explication
_____
_____

(e) 'Aujourd'hui on distingue d'autres formes de dépendance ; les jeux par exemple, dont les accros sont pris en charge.'
Souligne le participe passé.

(f) 'Le ministre de la Santé félicita les écoles pour leurs efforts concernant la lutte contre la drogue.'
Souligne le verbe au passé simple.

Explication
_____
_____
_____

Explication
_____
_____

(g) 'Quand il y a dépendance, il y a vrai danger.'
Souligne les verbes au présent.

(h) 'Le gros point noir reste l'alcool, bien que la consommation moyenne par adulte soit passée de 22,3 litres en 1970 à 15,6 en 1996.'
Souligne le verbe au subjonctif passé.

Explication
_____
_____
_____

Explication
_____
_____

(i) 'Dès que j'aurai terminé cette cigarette, je ne fumerai jamais plus.'
Souligne le verbe au futur antérieur.

(j) 'Il faut que tout le monde fasse des efforts pour faire disparaître la drogue de la société, sinon, la situation va empirer.'
Souligne le verbe au subjonctif présent.

Explication
_____
_____
_____

Explication
_____
_____

(k) 'J'essaie de ne pas me mettre dans des situations où on m'entraîne à boire et à fumer.'
Souligne le verbe réfléchi.

© AUTHENTIK 2001

D. Des termes en plus...

1. Dans la grille on te donne plusieurs termes grammaticaux en français. Que signifient-ils ?
Relie les exemples en anglais ci-dessous avec le terme grammatical qui correspond dans la grille.
Numérote les exemples anglais.

Terme grammatical	Exemples en français
1. Nom	
2. Adjectif	
3. Adjectif démonstratif	
4. Adjectif possessif	
5. Article défini	
6. Article indéfini	
7. Comparatif	
8. Superlatif	
9. Pronom personnel	
10. Pronom complément d'objet direct	
11. Pronom complément d'objet indirect	
12. Pronom relatif	
13. Pronom possessif	
14. Pronom interrogatif	
15. Préposition	
16. Conjonction	

Exemples anglais :

(a) mine, her, their ☐ (b) the ☐ (c) a/an ☐ (d) fantastic, big, yellow ☐ (e) I, me, you, he, him, she, her... ☐
(f) the worst, the best, the oldest ☐ (g) my, his, our ☐ (h) worse, easier, more difficult ☐ (i) it, him, her, us, them ☐ (j) what, why, where, when ☐ (k) who, which, that, whose, what ☐ (l) man, Paris, car ☐
(m) to me, to you, for him ☐ (n) this, that, those ☐ (o) and, but, or, if, because ☐ (p) to, at, for, on ☐

2. Maintenant, relie les exemples français avec le terme grammatical qui correspond.
Numérote les phrases.

☐ (a) C'est <u>la plus jeune</u> de tous. Elle est <u>la meilleure</u> de la classe
☐ (b) Il est <u>aussi grand que</u> moi.
☐ (c) <u>Le</u> ciel, <u>la</u> police, <u>l'</u>ami, <u>les</u> mots
☐ (d) Il est <u>sur</u> la table
☐ (e) La maison <u>dont</u> je parle
☐ (f) Il conduit <u>mais</u> pas elle.
☐ (g) <u>Un</u> chien, <u>une</u> lampe, <u>des</u> fiches
☐ (h) La fraise <u>rouge</u>, les <u>vieilles</u> dames
☐ (i) C'est le <u>mien</u>. C'est la <u>votre</u>. C'est à <u>vous.</u>
☐ (j) <u>Ce</u> stylo, <u>ces</u> chaussettes
☐ (k) Clara partage ses habits avec sa sœur, elle <u>lui</u> prête son pull
☐ (l) <u>Qui</u> est là ? <u>Lequel</u> est le bon ? <u>Que</u> vois-tu ?
☐ (m) Elle fait ses devoirs, elle <u>les</u> fait vite.
☐ (n) <u>Mon</u> père, <u>vos</u> livres, <u>ses</u> lunettes
☐ (o) <u>Je</u> cours. <u>Elle</u> monte l'escalier. <u>Nous</u> voyons des chèvres.
☐ (p) Une <u>carte</u>, l'<u>Italie</u>, Le <u>Président</u>

3. Ajoute à la grille (2ème colonne) tes propres exemples en français pour chaque terme grammatical.

© AUTHENTIK 2001

E. Jeu

Les titres suivants sont tous des films de James Bond. En utilisant tes connaissances en cinéma et les termes grammaticaux étudiés jusqu'à maintenant, complète les titres.

Exemple :

____ / _____ / _____ / ____ / ___ / _____

préposition / nom masculin au singulier / adjectif masculin singulier / préposition / adjectif possessif à la troisième personne singulier / nom féminin au singulier

Réponse :

Au service secret de sa majesté

Explication :

au ⟷ préposition
service ⟷ nom masculin au singulier
secret ⟷ adjectif masculin singulier
de ⟷ préposition
sa ⟷ adjectif possessif à la troisième personne singulier
majesté ⟷ nom féminin au singulier

Voici les mots mélangés de tous les titres.
pistolet, Le, ne, Les, suffit, sont, éternels, au, L', or,
homme, d', monde, m', pas, L', espion, qui, diamants, aimait

(a) _____ / _____ / **sont** / _____
article défini masc. pluriel / nom, masc. pluriel / verbe, troisième personne pluriel présent / adjectif au masculin pluriel

Réponse : _____

(b) __ / _____ / **au** / _____ / __ / _____
Article défini masculin singulier / nom masculin singulier / préposition / nom masc. singulier / préposition / nom masculin singulier

Réponse : _____

(c) _____ / _____ / ____ / _____ / _____
Article défini masculin singulier / nom masculin singulier / négation (première partie) / verbe, troisième personne singulier présent / négation (deuxième partie)

Réponse : _____

(d) __ / _____ / _____ / __ / _____
Article défini masculin singulier / nom masculin singulier / pronom relatif / pronom personnel (première personne) / verbe, troisième personne imparfait

Réponse : _____

© AUTHENTIK 2001

Unit 4

The use of prepositions is something we don't give a lot of thought to in everyday speech. Here we take a closer look at French prepositions and their uses.

A. Logement

1. Tu t'occupes de l'hébergement des étudiants qui arrivent chaque trimestre à l'université. Tu dois aviser le responsable de l'hébergement de tes décisions. Lis les descriptions des étudiants et décide où placer chacun. Remplis le plan avec les noms appropriés.

Etudiants

- **Caroline** – étudiante de langues étrangères. Elle adore danser la salsa et elle va la pratiquer dans son appartement avec son partenaire. Elle ne s'entend pas avec Anne.

- **Anne** – elle doit étudier le soir parce qu'elle donne des cours de piano pendant la journée. Elle aimerait être près de son cousin, Frédéric.

- **Le conseiller universitaire** – il doit être disponible à toute heure, mais il n'aime pas qu'on le dérange pendant son sommeil. Il ne veut pas d'animaux dans le bâtiment et veut avoir sa propre entrée.

- **Jean** – il travaille la nuit et il dort la journée. Ses collègues de travail viennent souvent chez lui après le travail pour prendre le petit déjeuner et regarder la télé. Il est ami du conseiller.

- **Géraldine** – elle a un chat (le conseiller ne le sait pas !). Elle est végétarienne stricte. Elle adore être tranquille.

- **Frédéric** – il veut devenir comptable. Le soir, il organise chez lui, des réunions avec d'autres étudiants en comptabilité pour parler de leurs cours. Il adore les animaux.

- **Charlotte** – elle aime les animaux mais ne peut pas habiter avec eux à cause de son allergie. Le soir, elle répète les chants de la chorale estudiantine.

- **Charles** – Charles aime bien cuisiner toutes sortes de nourriture et il adore faire des repas entre amis chez lui. Il a peur du feu et veut être près de l'entrée principale.

(Il y a plusieurs possibilités dans cet exercice. Demande la solution au professeur si tu as des difficultés)

Chambre C	Chambre D	Chambre E	Chambre F
Chambre B		Entrée principale	Chambre G
Chambre A			Chambre H
Entrée privée			

2. Tu dois faire un rapport par e-mail au responsable de l'hébergement en expliquant le placement de chaque élève. Remplis maintenant les espaces dans le mail.

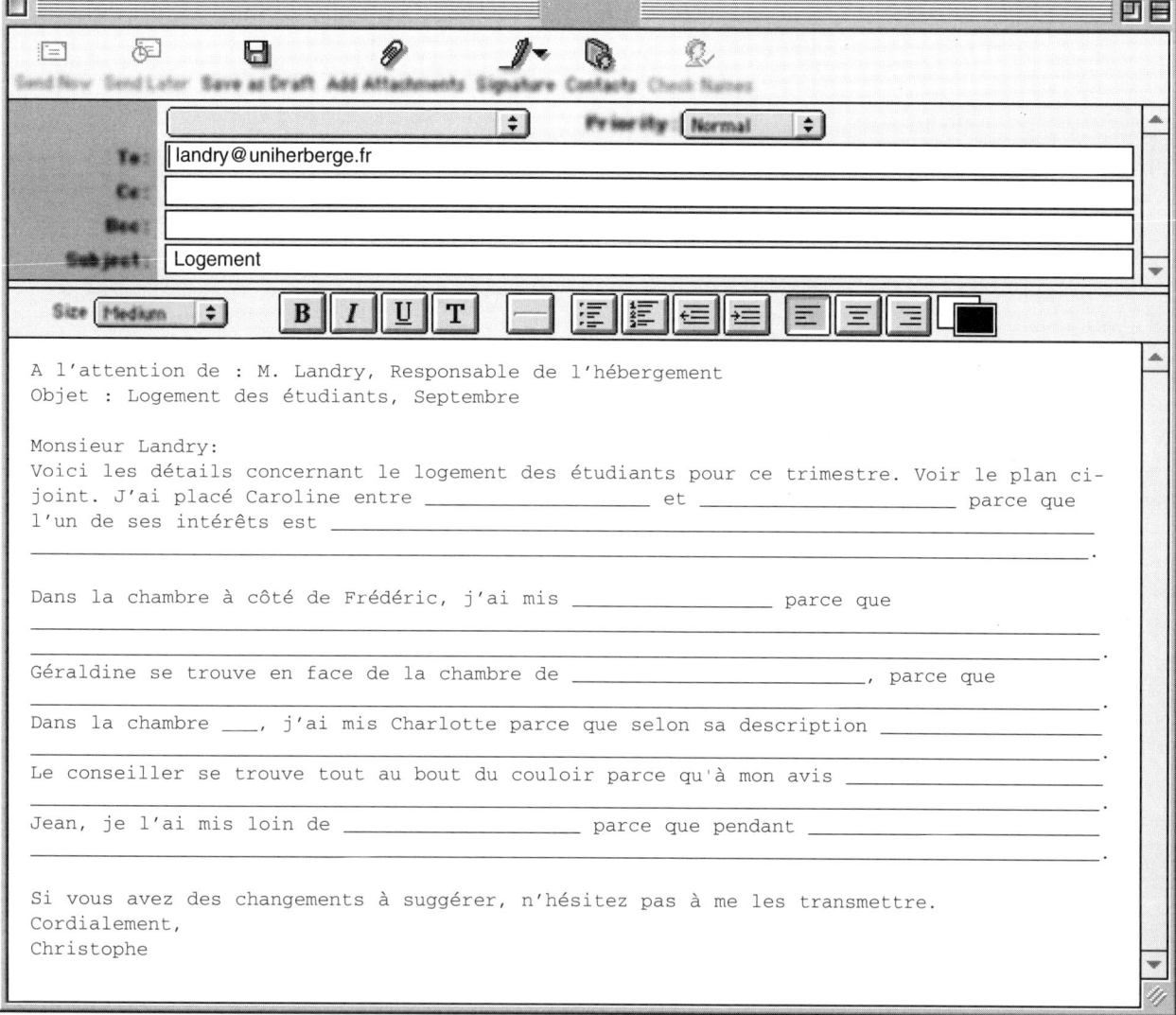

A l'attention de : M. Landry, Responsable de l'hébergement
Objet : Logement des étudiants, Septembre

Monsieur Landry:
Voici les détails concernant le logement des étudiants pour ce trimestre. Voir le plan ci-joint. J'ai placé Caroline entre _____ et _____ parce que l'un de ses intérêts est _____
_____.

Dans la chambre à côté de Frédéric, j'ai mis _____ parce que
_____.
Géraldine se trouve en face de la chambre de _____, parce que
_____.
Dans la chambre ___, j'ai mis Charlotte parce que selon sa description _____
_____.
Le conseiller se trouve tout au bout du couloir parce qu'à mon avis _____
_____.
Jean, je l'ai mis loin de _____ parce que pendant _____
_____.

Si vous avez des changements à suggérer, n'hésitez pas à me les transmettre.
Cordialement,
Christophe

3. Regarde de nouveau le mail et entoure toutes les prépositions que tu vois.

4. Rassemble ici toutes les prépositions des exercices A.1. et A.2. Si possible, mets-les en paires ou groupe-les pour bien pouvoir t'en rappeler.

Prépositions de position

Exemple:

près de / loin de

B. Où ?

1. Les étudiants de l'exercice A ont rempli leur formulaire en donnant des détails sur leur pays / ville d'origine. Voici les pays / villes qu'ils mentionnent. Termine les phrases qu'ils ont écrites.

> **Caroline – Paris**
> J'ai vécu toute ma vie _____ Paris.

> **Le conseiller universitaire – Martinique**
> Mon meilleur poste c'était un stage qui a duré six mois _____ Martinique, une île qui se trouve _____ l'Atlantique.

> **Charles – Etats-Unis**
> Je suis américain, j'habite _____ Etats-Unis.

> **Frédéric – Afrique**
> J'aimerais un jour retourner _____ Afrique où nous avons habité pendant deux ans quand j'étais petit.

> **Anne – Angleterre**
> J'ai passé un an en tant qu'étudiante _____ Angleterre

> **Jean – Normandie**
> Ma famille est d'origine belge mais nous habitons _____ Normandie depuis cinq ans.

> **Géraldine – Asie**
> Mes parents habitent actuellement _____ Asie, c'est pour cela que j'ai besoin d'un hébergement sur le campus.

> **Charlotte – Cuba**
> Ma famille est d'origine sud-américaine, mes grands-parents habitent toujours _____ Cuba.

2. Complète le tableau avec les prépositions appropriées d'après ton travail de B.1.

Prépositions possibles pour dire " In / To "

_____ + ville

_____ + région

_____ + continent

_____ + pays

_____ + Etats-Unis / Pays-Bas

_____ + Portugal / Danemark / Maroc / Canada

_____ + île

_____ + mer / océan

© AUTHENTIK 2001

C. Accident

1. Regarde bien ce schéma illustrant un accident de la route et lis le court reportage de l'incident.

L'une des deux personnes qui voyageaient dans une Opel Kadett est morte hier dans un accident de la route. L'autre passager a été sauvé par les pompiers. Il a une jambe cassée et des lésions sur le visage. Son état est stable, selon le porte-parole de l'hôpital où il a été transporté.

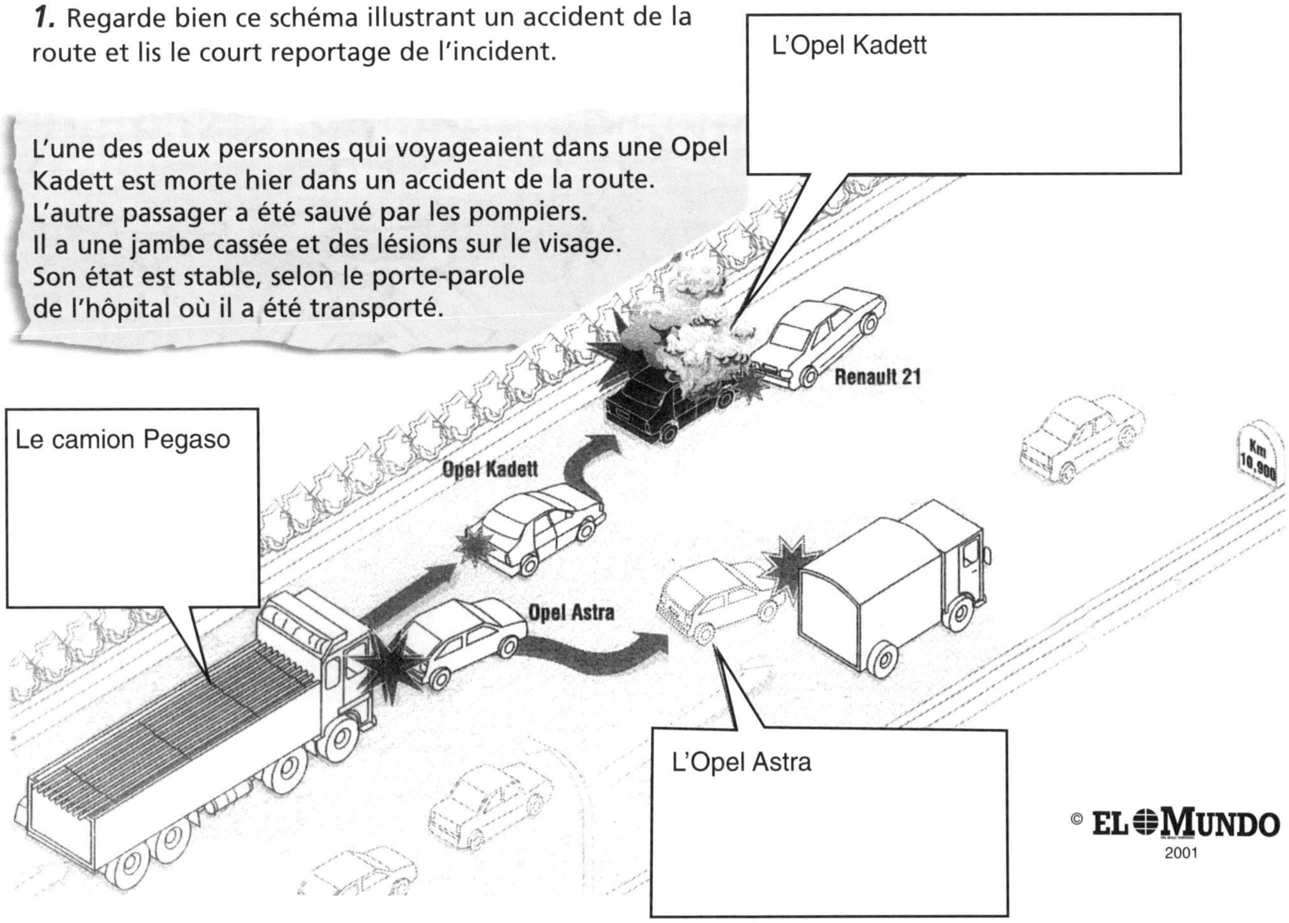

L'Opel Kadett

Le camion Pegaso

Renault 21

Opel Kadett

Opel Astra

L'Opel Astra

© EL ⬤ MUNDO
2001

2. Voici un extrait du reportage de l'accident mais il manque des mots. Lis le reportage et essaie de remplir les blancs. Aide-toi du schéma.

L'accident s'est produit vers 20h hier soir sur l'autoroute A2. Le mauvais temps avait favorisé les embouteillages. L'Opel Kadett et ses passagers se trouvaient (a) _____ une Renault 21. (b) _____ l'Opel Kadett, une Opel Astra a freiné. Ensuite, un camion Pegaso, chargé de matériaux de construction, qui roulait (c) _____ l'Opel Astra, n'a pas réussi à freiner à temps, ce qui a causé l'accident tragique. Le poids lourd a poussé l'Opel Astra (d) _____ la voie de gauche. Le Pegaso, hors de contrôle, a percuté l'Opel Kadett qui, à son tour, est rentrée (e) _____ la Renault 21 (f) _____ lui. L'Opel Kadett a touché la barrière de sécurité qui se trouvait (g) _____ la route. Selon les pompiers, le camion a continué à glisser (h) _____ point de départ de l'accident avant de s'arrêter.

3. Les mots ci-dessous sont tirés du texte. Relis ce que tu as écrit et vérifie si tu as utilisé les bons mots. Attention! Tu n'auras pas besoin de tous les mots suivants.

A côté de

Devant

Vers

Dans

En face de

Derrière

Loin de

Sur

© AUTHENTIK 2001

4. Maintenant, regarde de nouveau le schéma de l'accident et décris les positions de chaque véhicule avant l'accident.

Exemple : L'Opel Astra roulait entre deux voitures, derrière l'Opel Kadett, devant le camion Pegaso, sur la voie de droite.	Le camion Pegaso
L'Opel Kadett	La Renault 21

5. Regarde encore le schéma et remplis les cases (page 31) avec les détails concernant l'emplacement de chaque véhicule et ce qui lui est arrivé pendant l'accident.

D. Une photo

1. L'emplacement d'objets sur une photo demande plus de vocabulaire. Peux-tu traduire les expressions suivantes ?

au premier plan
à l'arrière plan
au milieu
au fond

dans le coin
sur la droite
dans la partie inférieure
à l'horizon

2. Regarde cette photo et avec un camarade, décris-la (à l'écrit en 200 mots) en utilisant le plus de vocabulaire possible, y compris celui que vous avez appris dans cette unité.

© Nick Zakrzewski

E. Test

1. Retourne maintenant à la grille de A.4. et remplis-la avec toutes les prépositions de cette unité.

2. Dans cette grille tu trouveras 15 exemples de prépositions de lieu et de position. Tu as 10 minutes pour en trouver le plus possible. Lis-les horizontalement, verticalement et en diagonale.

A	U	D	E	S	S	O	U	S	E
D	A	A	O	U	A	E	T	A	N
R	C	N	L	R	L	N	N	U	B
O	O	S	U	O	S	C	A	M	A
I	T	S	U	P	I	N	V	I	S
T	E	S	N	M	O	N	E	L	D
E	D	R	B	E	E	R	D	I	E
D	E	E	R	E	I	R	R	E	D
E	N	V	E	N	T	R	E	U	I
T	S	E	D	E	C	A	F	N	E

3. Voici une photo d'une rue en Tunisie. Ecris cinq questions qui exigeront des prépositions de lieu dans les réponses. Avec un(e) camarade de classe, échangez vos questions et essayez d'y répondre en moins de deux minutes. Attention ! Pose des questions difficiles à ton camarade pour gagner du temps !

© Nick Zakrzewski

1._____

2._____

3._____

4._____

5._____

© AUTHENTIK 2001

Unit 5

Conjunctions are something that we use without much thought. The way we speak or write in French can be greatly improved and made much more interesting if we vary the conjunctions we use. How many can you think of off the top of your head? In this unit you will learn some new ones and take a look at some of the verb tenses to be used with them.

A. Conjonctions

1. (a) Voici des phrases qui peuvent se séparer en deux parties. Peux-tu les séparer ?
Enlève le mot / l'expression qui te semble superflu(e) en les séparant.

> **Exemple** : *Le policier est entré dans le bâtiment mais le délinquant s'est échappé.*
> *Le policier est entré dans le bâtiment. Le déliquent s'est échappé.*

- *Le Président se montre confiant vu que les résultats du sondage montrent l'appui du public.*
- *Après qu'il eut terminé son cours, le prof est entré directement dans la salle des profs.*
- **La voiture s'est arrêtée brusquement pour que la jeune femme puisse traverser la rue.**
- *Avant que l'homme ait quitté le bureau, il a passé un dernier appel.*

(b) Réponds aux questions suivantes.
(i) Quelles conjonctions sont suivies par un verbe au subjonctif ? _____
(ii) Quelles conjonctions sont suivies par un verbe à l'indicatif ? _____
(iii)Quelle conjonction peut être suivie par n'importe quel temps ? _____
(iv)Quelle est la fonction d'une conjonction dans une phrase ? _____
_____
(v) Une conjonction se trouve toujours au milieu d'une phrase. Vrai ou faux ? _____

2. Voici des extraits de textes. Suis les instructions.
• Lis les textes et souligne toutes les conjonctions que tu trouves.
• Place chaque conjonction dans l'une des colonnes selon que la conjonction est suivie par le subjonctif ou par l'indicatif.

Indicatif

Subjonctif

TABAGISME PASSIF : CE SONT NOS ENFANTS QUI TRINQUENT !

Les fumeurs décident de ne plus s'adonner à leur vice favori pour diverses raisons : ils refusent d'être dépendants d'un produit, ont peur des conséquences néfastes du tabac sur leur santé, conséquences dont l'énumération serait ici trop longue, puisque l'on sait que le tabac a des répercussions sur le cœur, les poumons, la peau, etc...

Reuters 25/5/01

Handball - Costantini: « Il faudra être au rendez-vous »

Au terme du succès face au Brésil, l'entraîneur français n'était pas inquiet du rendement très médiocre de Patrick Cazal." Moi, je ne suis pas inquiet parce que dans des rencontres comme celles-ci (le Brésil), aucun Français n'est indispensable, pourvu qu'il ait six partenaires ".

Reuters 25/5/01

PEKIN - Pékin et Washington se sont mis d'accord pour procéder au démontage de l'avion-espion de la marine américaine détenu par la Chine depuis le 1er avril dernier afin qu'il soit réexpédié aux Etats-Unis, a annoncé jeudi un porte-parole du ministère chinois des Affaires étrangères Zhu Bangzao.

(AP)

Vache folle

Il y a sans doute aujourd'hui des personnes qui meurent en France du nouveau variant de la MCJ sans que nous le sachions, s'inquiète le professeur Jean-François Mattei, président du groupe Démocratie libérale à l'Assemblée nationale et rapporteur de la commission d'enquête sur la vache folle. **Authentik Resource Bank**

Michel Brunone se considère comme un policier consciencieux plutôt qu'un héros

C'est grâce au sang-froid de ce policier du poste 51, à Rosemont, qu'une femme menaçant de s'immoler par le feu dans une station-service Sonic, rue Beaubien, a pu être sauvée, le 17 octobre dernier. …Huit policiers sont sur les lieux, dont deux entament une discussion avec la désespérée. Brunone note que personne n'osait avancer de peur que la femme ne mette sa menace à exécution, et qu'elle risque peut-être de faire sauter la station-service du même coup. **Authentik Resource Bank**

On vous mène par le bout du nez !

La perception des odeurs diffère d'une culture à l'autre. L'odeur des escargots cuits à l'ail dégoûtera les Japonais, alors que les odeurs aigres de la cuisine nippone indisposeront les français. Enfin, hommes et femmes semblent ne pas avoir le même odorat. Si les hommes sont stimulés par la menthe, les femmes préfèrent la lavande. Bref, pas facile de conquérir monsieur et madame en même temps ! **Authentik Resource Bank**

3. Voici une liste de conjonctions.
(a) Insère les conjonctions dans les colonnes appropriées de la page 34 (soit le subjonctif, soit l'indicatif).
(b) Certaines conjonctions de la liste peuvent aller aussi bien avec le subjonctif que l'indicatif. Lesquelles ? Souligne-les.

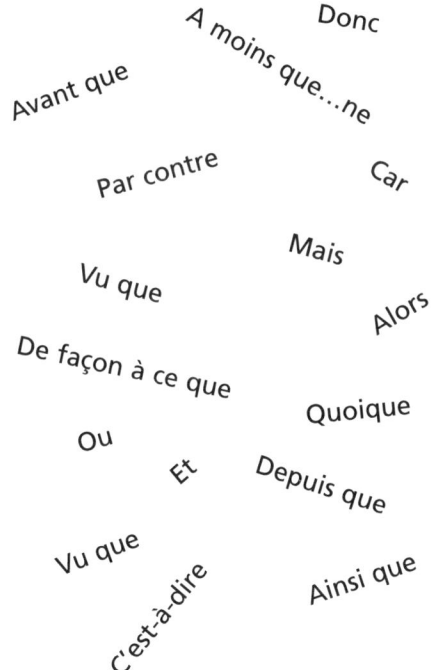

Donc
A moins que…ne
Avant que
Par contre
Car
Mais
Vu que
Alors
De façon à ce que
Quoique
Ou
Et
Depuis que
Vu que
C'est-à-dire
Ainsi que

*Si nécessaire consulte un livre de grammaire, notre **Grammar Reference Tool** ou demande à ton professeur pour vérifier les réponses.*

GRAMMAR REFERENCE TOOL
www.authentik.com

4. Lis l'extrait journalistique suivant et insère des conjonctions dans les espaces. Sers-toi des conjonctions des exercices précédents.

Mariage d'un archevêque catholique au cours d'une cérémonie de la secte Moon

Un archevêque catholique zambien de 71 ans, Mgr Emmanuel Milingo, s'est marié dimanche à New York, au cours d'une cérémonie présidée par le chef de la secte Moon tout en réaffirmant son attachement à la religion catholique.
Vêtu d'un smoking, un œillet rouge à la boutonnière
(i) _____ le sourire aux lèvres, l'ex-archevêque de Lusaka a épousé une sud-coréenne de 43 ans, Maria Sung, médecin de profession, qui a été choisie pour lui par le révérend Moon Sun Myung. A cette occasion, le prélat a réaffirmé son « amour pour l'église catholique ». Il a indiqué qu'il n'avait pas parlé avec le pape de sa décision (ii) _____ que son mariage n'était pas dirigé « contre l'église catholique ».
Mgr Milingo était assis aux premiers rangs de l'assistance dans la salle Trianon de l'hôtel Hilton de Manhattan,
(iii) _____ le révérend Moon et son épouse ont officié en coréen. Au total 60 couples ont prononcé leurs vœux lors de cette cérémonie, (iv) _____ toutes les mariées étaient en blanc (v) _____ avaient piqué des fleurs dans leur chevelure.
Après la cérémonie, Mgr Milingo, a indiqué, au cours d'une conférence de presse, avoir rencontré son épouse pour la première fois jeudi. « Je l'ai vue seulement jeudi, vendredi, samedi et dimanche. Je trouve cela merveilleux », a-t-il dit. Son épouse était présente (vi) _____ des religieux protestants, juifs, musulmans, bouddhistes, qui se sont mariés dimanche pour la première fois ou ont renouvelés leurs vœux.
Interrogé sur le fait de savoir s'il craignait d'être excommunié,
(vii) _____ l'en a menacé le Vatican, il a affirmé que « cela ne l'affectait pas » (viii) _____ qu'il continuerait à célébrer la messe chaque jour.

AFP
27 mai 2001

© AUTHENTIK 2001

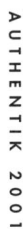

B. Utiliser des conjonctions

1. Voici une histoire racontée par Patrick pendant un bêtisier de fin d'année. Lis-la.

« *Tu sais ce qui m'est arrivé à Noël l'année dernière ? C'était juste quelques jours avant Noël, on recevait chez nous des cousins qui venaient de Reims. Pour le dîner, Marie avait préparé un poulet avec des légumes, des pommes de terre, des petits pois, du maïs. On s'était assis à table, on s'était servi, et on avait versé dans notre assiette chacun, un peu de sauce sur tous les ingrédients. En goûtant, on a découvert que le goût était franchement dégoûtant, ça avait un goût de brûlé. Et tout d'un coup Marie a éclaté de rire. Elle s'était trompée tout simplement entre le bocal de sauce en poudre et le bocal de café. On venait de verser du Nescafé sur tous les ingrédients !* **»**

Authentik **en francais, Vol. 22 No. 2**

Glossaire : un bocal = jar

2. Voici des débuts de phrases basées sur l'histoire. Termine-les en respectant les conjonctions données. Attention aux temps !

Les invités font attention quand ils mangent chez Marie et Patrick de peur que... (ne)...

Les invités ont continué à manger le repas, bien que...

Marie vérifie toujours les bocaux avant de faire de la sauce depuis que...

Les invités leur rendront encore visite, par contre...

Marie cuisine très bien alors que Patrick...

Marie s'est trompée de bocal, c'est à dire que...

© AUTHENTIK 2001

C. Pratique

Voici quelques nouveaux produits qui viennent d'être lancés sur le marché. A toi d'inventer les publicités. Sers-toi d'au moins une ou deux conjonctions pour faire chaque pub.

Exemple : " Faites envie à tous vos amis <u>puisque</u> ce nouvel ordinateur vous permet de passer des coups de fil et de voir la personne à qui vous parlez en même temps ! "

Publicités :

© AUTHENTIK 2001

PASSÉ COMPOSÉ

The Passé Composé is easily formed but there are some irregularities with which you need to be familiar. This unit will highlight these and give you the chance to test how much you can recall about the Passé Composé when you have completed all of the exercises.

A. Formuler le Passé Composé et le Participe Passé

1. Voici des gros titres de journaux français. Entoure tous les verbes au Passé Composé et complète la règle suivante.

> ***Exemple*** : Le High-Tech nouveau est arrivé !
> C'est une voiture mais c'est un ordinateur !

Patrick Bruel :

« Je suis né sous le soleil »

Concorde : Le crash qui a brisé leur vie.
L'hôtel sur lequel l'avion s'est écrasé a été rasé
mais le souvenir de leurs collègues
décédés hante patrons et employés.

La Spice girl a perdu 13 kilos

Radiohead : vous avez dit bizarre ?

Depuis « OK Computer » on voyait mal comment ces nouveaux Beatles
pouvaient pousser plus loin leur pop expérimentale.

**Tunnels : Huit mois après le drame du Mont-Blanc, une simulation
d'accident ferroviaire a eu lieu en Moselle.**

Authentik resource b@nk

Règle : Pour formuler le Passé Composé, il faut les éléments suivants :
_____ ou _____ au présent + le _____.

---

2. Ecris une brève description du pire samedi de ta vie en utilisant les verbes suivants :

se lever, manger, aller, prendre, retourner, se disputer, faire, se coucher

_____

_____

_____

_____

Tu auras la possibilité de corriger ce travail à la fin de cette unité.

© AUTHENTIK 2001

3. (a) Lis les phrases suivantes et écris l'infinitif des verbes soulignés. Puis explique comment obtenir le Participe Passé.

	Infinitif	Participe Passé
Ils ont <u>vendu</u> leur maison très cher.	Vendre	Vendu = Supprimer « re », ajouter « u » à la place.
Le High-Tech nouveau est <u>arrivé</u> !		
La Spice girl a <u>perdu</u> 13 kilos		
Samedi soir il a <u>rencontré</u> son cousin.		
La dame a <u>rempli</u> le sac de bonbons.		
As-tu <u>rendu</u> le livre à la bibliothèque ?		

(b) Vois-tu maintenant comment formuler le Participe Passé des verbes réguliers ? Peux-tu l'expliquer à quelqu'un d'autre ?

4. Attention aux verbes irréguliers au Passé Composé. En voici quelques-uns. Ecris le verbe à l'infinitif pour chaque Participe Passé. En connais-tu d'autres ?

B. Verbes qui prennent « être » au Passé Composé

1. Voici les lettres mélangées de verbes à l'infinitif qui prennent « être » au Passé Composé. Peux-tu écrire ces verbes à l'infinitif ?

	Infinitif	Participe Passé		Infinitif	Participe Passé
censddeer →	descendre →	descendu	tsreer →		→
brtmoe →			enertr →		
rimuor →			rirpat →		
reniv →			rroist →		
lelar →			renrerout →		
rivarre →			rtîean →		
			noermt →		

2. Quel est le Participe Passé de chacun des verbes de B.1 ? Tu as deux minutes pour les écrire, alors, vas-y !

© AUTHENTIK 2001

3. Pour chaque début de phrase ci-dessous, choisis un verbe de la liste de B1 et invente des phrases drôles au Passé Composé en te concentrant sur la conjugaison des verbes. Lis les phrases en classe et élis les phrases les plus bizarres !

Exemple : L'éléphant est arrivé à la fête avec sa copine, la girafe.

(a)   Le professeur _____

(b)   Nous, les politiciens, _____

(c)   Le boxeur _____

(d)   La grenouille _____

(e)   Vous, les mannequins, _____

(f)   Les météorologistes _____

(g)   La chanteuse _____

4. Peux-tu penser à une méthode pour te rappeler des verbes qui prennent « être » au Passé Composé ? Par exemple : dans l'ordre alphabétique, avec un acronyme, avec une rime etc. Discutez-en en classe et partagez vos idées.

> Rappelle-toi que les verbes réfléchis prennent « être » au Passé Composé aussi.
>
> *Exemples :* *L'hôtel sur lequel l'avion s'est écrasé a été rasé.*
> *Elle s'est mise à pleurer.*
>
> **ATTENTION GRAMMAIRE**

C. Quelques petits changements

1. Lis les phrases suivantes. Observe les Participes Passés. Que remarques-tu ? Note-le et dis pourquoi ce changement est nécessaire.

	Changement et raison
(a) La chanteuse est devenue serveuse après une carrière désastreuse.	
(b) Nous, les politiciens, nous sommes préparés à répondre à vos questions.	
(c) La grenouille est arrivée avant les crapauds.	
(d) Les météorologistes se sont trompés.	

> Avec les verbes qui prennent « être » au Passé Composé, on accorde le Participe Passé avec le sujet. Remplis le blanc dans la phrase suivante.
>
> *Exemple :* **Les garçons** sont **parti**▢
>
> **Sujet** - *Masculin pluriel*   **Participe Passé** - *Masculin pluriel*
>
> **ATTENTION GRAMMAIRE**

2. Retourne aux phrases de B.3. et fais des corrections si nécessaire.

© AUTHENTIK 2001

3. Dans les phrases suivantes décide si l'accord a été fait correctement ou pas. Corrige les fautes.

(a)   Ils sont tombé amoureux.

_____

(b)   Jacques s'est reposé cet après-midi.

_____

(c)   Martine est parti faire les courses.

_____

(d)   Mes professeurs se sont fâché quand j'ai laissé mes devoirs à la maison.

_____

(e)   Elle est resté à la maison parce qu'elle est sortie hier soir.

_____

(f)   Ils sont venu plus tôt que prévu.

_____

(g)   Mes tantes sont arrivé ce matin pour fêter l'anniversaire de ma mère.

_____

D. As-tu tout compris ?

1. Relis tes phrases de A.3. As-tu fait des erreurs ? Si tu en as fait, sers-toi de cette unité pour les corriger et fais attention à ces fautes à l'avenir. Sinon, félicitations ! Fais quand même attention à accorder le Passé Composé si nécessaire et à utiliser le Passé Composé et l'Imparfait correctement dans un texte. (voir Unité 7)

2. Et maintenant, voici un jeu pour toute la classe. Vous allez raconter une histoire au passé et voici comment :

(a) Chaque personne choisit un verbe à l'infinitif. Ecrivez votre verbe sur une feuille de papier.

(b) La première personne commence l'histoire avec une phrase contenant son verbe, par exemple : (verbe choisi = acheter)

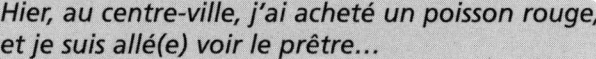

Hier, au centre-ville, j'ai acheté un poisson rouge...

(c) La personne suivante répète tout ce qui a été dit avant elle et continue l'histoire en utilisant son verbe. Par exemple : (verbe choisi = aller)

Hier, au centre-ville, j'ai acheté un poisson rouge, et je suis allé(e) voir le prêtre...

(d) Répétez l'histoire depuis le début jusqu'au moment où quelqu'un oublie quelque chose ou l'histoire se termine.

(e) Quand vous avez terminé, essayez de vous rappeler toute l'histoire et, en groupes de trois, écrivez-la entièrement.

*N'oublie pas de chercher d'autres exemples du Passé Composé sur notre **Grammar Reference Tool**.*

GRAMMAR REFERENCE TOOL
www.authentik.com

© AUTHENTIK 2001

IMPARFAIT OU PASSÉ COMPOSÉ ?

In your own language you switch easily between tenses without even thinking about it. You may not find this so easy in French! Practice makes perfect and in this unit you will get a chance to analyse and practise the uses of the Imparfait and the Passé Composé.

A. Fautes

ATTENTION FAUTES

1. Lis les phrases suivantes écrites par cinq élèves de français. Souligne leurs fautes.

2. Corrige chaque faute soulignée puis, dis pourquoi, à ton avis, l'élève a commis cette erreur.

(a) Le film que je déteste s'appelle « Pulp Fiction ». Ce film ne m'a pas plu parce qu'il a été violent et je n'aime pas ce genre de film. J'allais le voir avec mon copain. Il l'a adoré.

(a) Raison de l'erreur / des erreurs.

Correction(s) :

(b) Raison de l'erreur / des erreurs.

Correction(s) :

(b) Quand j'ai eu 14 ans, je n'aimais pas l'école. Je n'ai pas aimé mes matières, surtout l'histoire et la biologie. J'ai détesté me lever chaque jour pour aller à l'école. Maintenant j'aime ce que j'étudie et je m'amuse plus à l'école.

(c) Quand j'ai eu huit ans, on m'offrait un chat. Je prenais soin de lui, je lui ai donné à manger, je le nourrissais et je l'ai nettoyé. J'ai été triste quand il est mort.

(c) Raison de l'erreur / des erreurs.

Correction(s) :

(d) Raison de l'erreur / des erreurs.

Correction(s) :

(d) « Comment ai-je perdu mon travail ? Alors, le jour de mon renvoi mon chef m'a dit que j'ai parlé tout le temps avec les clients. Mais, je parlais avec les clients parce qu'ils m'ont posé des questions tout le temps ! »

(e) Quand j'avais seize ans, mes parents m'achetaient un ordinateur. Je l'utilise beaucoup maintenant.

(e) Raison de l'erreur / des erreurs.

Correction(s) :

© AUTHENTIK 2001

B. Un bon exemple

1. Voici des extraits de conversations et de textes. Ils constituent des exemples d'utilisation de l'Imparfait et du Passé Composé. Souligne tous les verbes à l'Imparfait et tous ceux au Passé Composé. Utilise des stylos de couleurs différentes.

Exemple : (a) Deux touristes <u>ont péri</u> dans un accident de voiture hier soir.

(b) **Les voyageurs partaient en groupes de quatre. Ils avaient deux jours pour arriver au sommet.**

(c) *Le médecin a travaillé presque toute sa vie dans un petit village peuplé d'une centaine de personnes.*

(d) *L'incendie a commencé dans le salon. C'est la conclusion à laquelle sont arrivés les chercheurs après l'incident.*

(e) Souvent on voyait le vieil homme près de la rivière parlant aux canards.

(f) « Nous avons trouvé une actrice parfaite pour le rôle, mais elle a renoncé au dernier moment. »

(g) **« Cet été, avec mon père, nous sommes passés par la côte en voiture. »**

(h) *L'élimination des All Blacks par l'équipe de France a laissé la presse anglaise d'hier dubitative.*

(i) *Laure : J'ai fait un vol en montgolfière.*
    Anaïs : Ah bon ? C'était quand ?
    Laure : C'était l'année dernière à l'occasion de mon anniversaire. Ce sont des amis qui m'ont offert ça.
    Anaïs : Tu n'as pas eu peur ?
    Laure : Non, heureusement j'étais avec un ami. J'avais confiance en lui !

Authentik resource b@nk

2. Pour chaque exemple à l'Imparfait et au Passé Composé, dis pourquoi ce temps a été utilisé.

Phrase (a) Raison : *action terminée dans le passé + récit factuel (journal)*
Phrase (b) Raison : _____
Phrase (c) Raison : _____
Phrase (d) Raison : _____
Phrase (e) Raison : _____
Phrase (f) Raison : _____
Phrase (g) Raison : _____
Phrase (h) Raison : _____
Phrase (i) Raison : _____

3. Voici des phrases qui décrivent quand utiliser le Passé Composé ou l'Imparfait. A toi de choisir le verbe au temps approprié dans chaque exemple.

	P.C.	Imp.
(i) Pour décrire un état d'esprit dans le passé. *Exemple : Le prêtre (était) a été un homme agréable et sympathique.*	❏	☑
(ii) Pour décrire une action habituelle dans le passé. *Exemple : A Marseille **je passais / j'ai passé** la plupart de mon temps à la plage.*	❏	❏
(iii) Pour décrire une action achevée dans le passé. *Exemple : En arrivant à la gare, elle **achetait / a acheté** un billet.*	❏	❏
(iv) Pour une description dans le passé. *Exemple : Les bâtiments **ont été / étaient** plus beaux il y a dix ans.*	❏	❏
(v) Pour décrire une action qui est interrompue par une autre action. *Exemple : **Je parlais / j'ai parlé** avec ma mère lorsque mon portable a sonné.*	❏	❏
(vi) Pour décrire comment les choses étaient dans le passé. *Exemple : Dans sa jeunesse mon père **n'a pas eu / n'avait pas** beaucoup d'argent.*	❏	❏

4. Fais une liste d'autres exemples et situations où l'on utilise (a) le Passé Composé et (b) l'Imparfait. Chaque fois que tu rencontres une nouvelle phrase ou situation, note-la dans ta liste. Ainsi, tu auras ta liste personnelle à consulter en cas de doutes à l'avenir !

© AUTHENTIK 2001

C. Bonne formulation

1. Passé Composé : Formation

(a) Verbes qui prennent « avoir » au Passé Composé
La plupart des verbes réguliers prennent « avoir » au Passé Composé. Quels sont les participes passés des verbes suivants ?

téléphoner   réunir   mordre

(b) Verbes qui prennent « être » au Passé Composé
Certains verbes prennent « être » au Passé Composé. Peux-tu écrire la liste de ces verbes ?

2. Imparfait : Formation

(a) Complète cette phrase :
Pour formuler l'Imparfait d'un verbe régulier il faut prendre le "nous" / "vous" / "tu" du verbe au Présent, enlever le _____ et ajouter _____ à la fin du verbe.

(b) Remplis la grille suivante avec les terminaisons des verbes réguliers à l'Imparfait.

	« er » / « ir » / « re »
Je	
Tu	
Il / Elle / On	
Nous	
Vous	
Ils / Elles	

(c) Relis les phrases de cette unité qui contiennent des verbes à l'Imparfait et note les verbes réguliers et les verbes irréguliers ici.

Régulier	Irrégulier

© AUTHENTIK 2001

D. A toi maintenant !

1. Jeu :
Activité pour plus de 4 personnes. Deux suspects + des détectives.

Scénario :
Hier, vers midi, un vol a été commis à la Poste de votre ville.
Vous avez deux suspects.

Comment jouer :
Les deux suspects sortent de la salle et inventent un alibi l'un pour l'autre. Ils doivent être capables de décrire ce qu'ils faisaient à l'heure du crime et de répondre à n'importe quelle question des détectives.

Les détectives (reste de la classe) préparent des questions à leur poser.
Exemples : Vous vous êtes rencontrés à quelle heure exactement hier ?
Pourquoi vous vous êtes rencontrés ?
Est-ce que vous avez fait des achats ? etc.

But du jeu :
Les détectives posent des questions (10 au maximum) à chaque suspect, individuellement, sur leurs actions à l'heure du crime. Si les détectives trouvent que les alibis des suspects se correspondent, ils les considèrent « innocents », sinon, ils seront déclarés « coupables ».

2. Lis l'histoire suivante et choisis d'utiliser l'Imparfait ou le Passé Composé dans chaque cas. Explique pourquoi. Remplis les blancs.

Hier après-midi, je _____ (conduire) l'autobus comme d'habitude sur la route 216 qui passe par la rue St. Germain. Tout _____ (commencer) quand je _____ (s'arrêter). Je crois qu'il _____ (être) environ deux heures. Je _____ (descendre) parce que je _____ (avoir) un problème avec l'une des portes à l'arrière du bus. Le bus _____ (démarrer), je _____ (essayer) de remonter dans le bus mais ce _____ (être) trop tard. Je _____ (courir) derrière mais le bus _____ (partir) et _____ (commencer) à descendre la pente. Il y _____ (avoir) une douzaine de passagers à l'intérieur. Le bus _____ (terminer) sa course folle quand il _____ (percuter) le mur d'une maison.

étincelle **Vol. 6 No.3**

3. Regarde la photo suivante. Décris en détails ce qui s'est passé juste avant que la photo soit prise.

• Qui ?

• Où ?

• Quand ?

• Quoi ?

INPHO/ALLSPORTS

© AUTHENTIK 2001

« SI »

In this unit you will see examples of how « Si » is used in everyday speech, such as looking at the consequences of actions e.g. something happens / will happen / might happen if you do a certain thing. By the end of this unit you will be able to tell at a glance which tenses are used to create « Si » clauses.

A. Superstitions !

1. Es-tu superstitieux ? Voyons voir ! Essaie de deviner la fin des phrases suivantes en choisissant parmi les fins de phrases données au bas de la page.

3. Si tu rencontres un chat le matin où tu pars en voyage…

☐

1. Si tu passes sous une échelle…

☐

2. Si une araignée file de haut en bas dans une maison…

☐

6. Si tu touches du bois…

☐

4. Si une jeune fille marche sur la queue d'un chat…

☐

5. Si un couteau tombe pendant le repas…

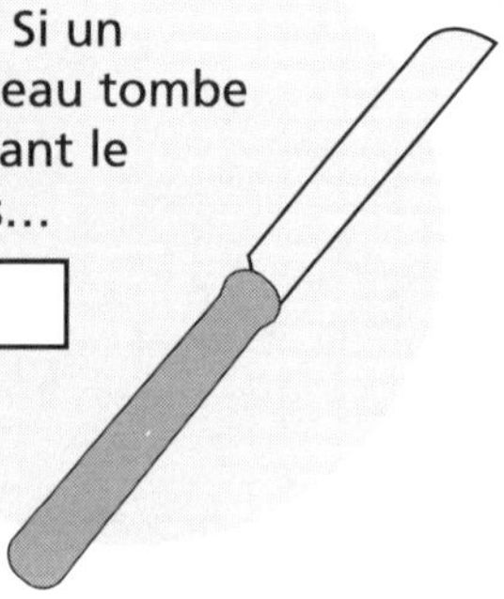

☐

7. Si tu allumes trois cigarettes avec la même allumette ou la même flamme …

☐

8. Si tu vois une araignée le matin…

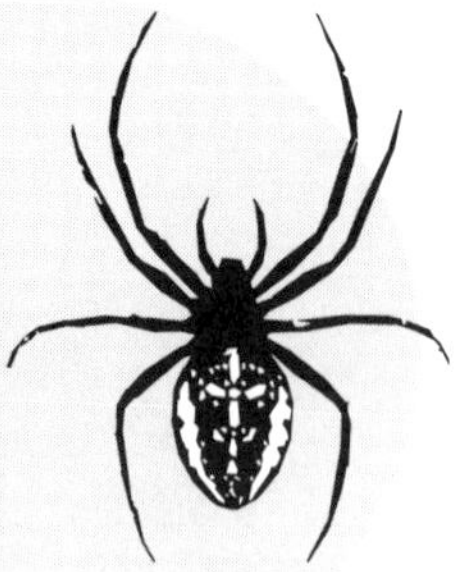

☐

9. Si le chat tourne le dos au feu…

☐

10. Si tu veux te rappeler de faire quelque chose…

☐

(i)   …elle ne se mariera pas dans l'année
(ii)   …tu peux conjurer un sort
(iii) …ça porte malheur non seulement au troisième fumeur, mais aussi aux deux autres.
(iv)   …fais un nœud à ton mouchoir
(v)   …il signale qu'un naufrage se produira
(vi)   …attends de sortir de table pour le ramasser
(vii) …ça annonce du chagrin
(viii) …ça porte malheur
(ix)   …c'est mauvais signe
(x)   …tu recevras bientôt de l'argent

2. Maintenant, échange tes réponses avec un partenaire. Demande les réponses au professeur et vérifie si vous avez bien deviné les superstitions.

3. Quelques-unes de ces superstitions sont très françaises. Lesquelles, à ton avis ? Est-ce que tu peux écrire deux superstitions de ton pays ?

(a) _____

(b) _____

4. Lis les superstitions de nouveau et souligne tous les verbes. Note le numéro de chaque phrase dans la case (a) ou (b) qui correspond.

> **(a) 'Si' + Présent = Présent**
> **Exemple :** **Si** tu **vois** une araignée le matin ça **signifie** le chagrin.
>
> | 8, |

ou

> **(b) 'Si' + Présent = Impératif**
> **Exemple :** **Si** tu **veux** te rappeler de faire quelquechose,
>   **fais** un nœud à ton mouchoir.
>
> | 10, |

5. Il y a une autre concordance de temps dans les phrases de A.1. Laquelle ? Donne un exemple :

> **'Si' + Présent =**   **?**
> **Exemple : Si** _____

6. Maintenant, complète cette régle grâce aux détails sur les concordances des temps que tu as appris avec les phrases de cette unité.

> Quand la phrase commence avec « Si » et un verbe au présent, le verbe dans la deuxième partie de la phrase est soit au _____, soit au _____ soit à _____.

7. Voici des dessins qui représentent différentes superstitions. Peux-tu les écrire (a) d'abord au Présent, ensuite (b) au Futur, et si possible (c) à l'Impératif ? Regarde notre exemple.

> **Exemple :**
> Si tu laisses tomber du sel,
> (a) ...ça porte malheur
> (b) ...tu tomberas malade
> (c) ...jette des grains de sel par
>   dessus ton épaule gauche

Si le 13 tombe un vendredi...

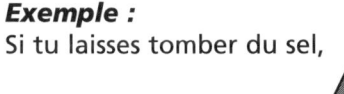

Si tu casses un miroir...

Si tu manges une pomme par jour...

Si tu vois un chat noir...

Si on ouvre un parapluie dans la maison...

© AUTHENTIK 2001

B. Bandes dessinées

1. Regarde les dessins suivants et lis les légendes ci-dessous.

www.CartoonStock.com

Si j'avais une carte de crédit, j'achèterais la « cyber-marche » tout de suite !

Si vous aviez réservé votre balai pour 4h, vous seriez maintenant sous un arc-en-ciel !

2. Souligne tous les verbes dans les légendes et réponds aux questions suivantes :

• Dans une phrase qui commence avec « Si » + un verbe à l'Imparfait, à quel temps est le verbe suivant ?	(a) (b) (c) (d)	Futur ? Conditionnel présent ? Conditionnel passé ? Subjonctif ?

• Dans une phrase qui commence avec « Si » + un verbe au Plus-que-parfait, à quel temps est le verbe suivant ?	(a) (b) (c) (d)	Futur ? Conditionnel présent ? Conditionnel passé ? Subjonctif ?

3. Voici des phrases où il manque un verbe. Choisis d'abord le verbe qui manque et ensuite mets-le au temps correct selon (a) le temps du début de la phrase et (b) le sens de la phrase. Il se peut qu'il y ait deux possibilités pour certaines phrases. Tous les verbes ne sont pas nécessaires.

(faire) (être) (pouvoir) (ne pas avoir) (essayer) (être) (s'intéresser) (tenir) (laisser)

(a) Le plus haut magistrat du royaume, Lord Harry Wolf, a finalement rétabli le premier verdict de huit ans d'incarcération. Si la commission de mise en liberté donne son aval, Thomson et Venables _____ relâchés sur parole en février. Elèves sérieux, ils envisagent de s'inscrire à l'université.

(b) La publicité fait appel aux émotions pour inciter le consommateur à acheter un produit. Si l'image est largement utilisée, les sociétés _____ également de plus en plus appel à l'odorat. La mémoire olfactive est intimement liée aux émotions.

(c) Si j'avais vraiment la possibilité d'être exigeant, je ne _____ pas ici.

(d) Selon le porte-parole du syndicat, si le ministère de la Santé avait su que les infirmières allaient faire la grève, il _____ de trouver une solution au problème du salaire plus tôt.

© AUTHENTIK 2001

4. Lis les débuts de phrases suivants et complète-les. Ecoute les phrases d'un camarade et choisis les phrases les plus drôles !

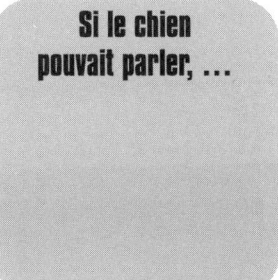

Si mon père savait que je…	Si le chien pouvait parler, …	Si j'avais su que nous allions voyager en montgolfière…	Si je dis à mon chef exactement ce que je pense de lui, …

5. Invente des légendes pour les dessins suivants en les commençant par « Si… ».

BANNERMAN'45
www.CartoonStock.com

C. Ile déserte

1. Tu fais partie d'un groupe de jeunes qui va passer deux semaines sur une île déserte pour une émission de « Reality TV ». Mais, qu'allez-vous emporter sur l'île ? Choisis les cinq objets dont tu penses avoir le plus besoin. Voici une liste des possibilités offertes par le directeur de l'émission :

Des allumettes
Un drapeau
Du sel
Une lampe
électrique

Du chewing-gum
Une bâche
Une loupe
Un couteau

Des vitamines
Un stylo
Une radio
Du sucre

2. Maintenant il faut présenter ta liste aux autres participants. Pour les persuader, il faut donner de bonnes raisons pour chaque objet.
> ***Exemple :*** Si nous avions des allumettes, nous pourrions allumer le feu.

3. Si tu peux, joue avec quatre autres personnes. Mettez en commun vos objets choisis, justifiez vos choix et décidez d'apporter cinq objets qui seraient indispensables sur l'île.

© AUTHENTIK 2001

POSER DES QUESTIONS

Unit 9

By the end of this unit you will be able to vary the way in which you ask questions and you will have a greater understanding of the grammatical changes which occur when you ask different types of questions.

A. Cinéma

1. Voici l'occasion pour toi d'en découvrir un peu plus sur ce que pensent les élèves de ta classe du cinéma. On te donne des idées de questions à poser. Sers-toi de ce vocabulaire pour formuler des questions.

Questions :	1	2	3	4	5
(a) fréquence : Combien de fois par mois vas-tu au cinéma ?					
(b) film préféré :					
(c) prix :					
(d) acteur/actrice préféré(e) :					
(e) rôle : Quel est le rôle que tu préférerais jouer dans un film ?					
(f) genre de film :					
(g) film(s) à éviter :					

2. (a) Maintenant, pose ces questions à 5 personnes de la classe.
(b) Examine tes questions. Quel est le " type " de question que tu poses le plus fréquemment ? Utilises-tu « Est-ce que » dans la question ? Fais-tu une inversion ? (ou autre ?)

3. Ecoute les questions posées par tes camarades de classe. Note celles qui diffèrent des tiennes.

4. Voici des questions sur des films du site : *http://perso.club-internet.fr/stedicom* Peux-tu y répondre ? Regarde bien comment les questions sont formulées et choisis les bonnes réponses.

Cinéma

(a) Qui interprète Rose dans "Titanic" de James Cameron ?
(b) Quelle est la profession de "Jackie" dans le film de Quentin Tarantino ?
(c) Qui réalise "Scream" avec Neve Campbell et David Arquette ?

QUESTION (a)
Gloria Stewart
Kathy Bates
Kate Winslet

QUESTION (b)
hôtesse de l'air
vendeuse
serveuse

QUESTION (c)
John Carpenter
Wes Craven
Sam Raimi

© AUTHENTIK 2001

5. Complète les questions suivantes avec les mots donnés ci-dessous.

> **Quand ? – Qui ? – Dans quelle ville ? – Qu'est-ce ? – Quel ?**
>
> (a) _____ a réalisé « Les affranchis » avec Ray Liotta, Joe Pesci et Robert De Niro ? *("Goodfellas" / 1989)*
> (b) _____ interprète John Kruger dans "L'effaceur" de Charles Russel ? *("Eraser" / 1995)*
> (c) _____ se situe l'action de "Léon" *(1994)* de Luc Besson, avec Jean Reno et Nathalie Portman ?
> (d) _____ que l'"USS Alabama" *(1998)* de Tony Scott avec Denzel Washington et Gene Hackman?

6. (a) Si tu trouves cela difficile de remplir les blancs correctement, lis les réponses possibles ci-dessous pour chaque question et recommence.
Exemple : Réponse = *Paris.* Alors les questions possibles sont *Où ?* et *Dans quelle ville ?*

(b) Quand tu les as remplis, réponds aux questions.

QUESTION (a)	QUESTION (b)	QUESTION (c)	QUESTION (d)
Martin Scorsese	Patrick Swayze	Paris	un char
Alan J. Pakula	J.-Claude Van Damme	New York	un sous-marin
Rob Cohen	A. Schwarzenegger	Montréal	un porte avion

B. Séries télévisées

1. Regarde les questions sur l'émission "Friends". Pour chaque question, décide si la réponse concerne le nom d'une personne, un verbe, un objet, un endroit etc.

Friends	**Type de réponse**
(a) Avec qui Ross se marie-t-il puis divorce-t-il par la suite ?	*Nom d'une personne*
(b) De quoi hérite Phoebe ?	_____
(c) Quel est le plus mauvais souvenir de Thanksgiving pour Joey ? Lorsqu'il s'est coincé la tête dans...	_____
(d) Où Phoebe a-t-elle travaillé pendant les vacances ?	_____

2. Nous avons aussi mélangé les réponses. Choisis le bon groupe de réponses possibles pour chaque question et réponds aux questions.

QUESTION __	QUESTION __	QUESTION __	QUESTION __
à la banque	Krista	les w.c.	un manteau en fourrure
dans un hamam	Emily	la dinde	des boucles d'oreilles
à l'armée du salut	Julie	la cheminée	un chapeau

3. Les informations suivantes concernent la série « Buffy ». A toi d'inventer les questions correspondantes ! Choisis parmi les mots suivants ceux qu'il faut pour formuler les questions.

> ***quoi, qui, de quelle, quelle, quel, où***
>
> QUESTION (a)
> • interprète le personnage de Buffy
> ***Réponse :*** Sarah Michelle Gellar
>
> QUESTION (b)
> • Buffy est née
> ***Réponse :*** Los Angeles
>
> QUESTION (c)
> • nom de famille de Buffy
> ***Réponse :*** Summers
>
> QUESTION (d)
> • "surnom" de Buffy
> ***Réponse :*** la « tueuse »

© AUTHENTIK 2001

C. Formuler des questions

1. Il y plusieurs manières de formuler des questions. Lis les textes suivants et souligne la partie qui constitue la question grammaticalement.

Type

☑ **(a)** <u>Comment</u> va-t-il réussir dans ce film ?

☐ **(b)** Alors mûrissez bien votre projet. Est-ce que vous avez vraiment quelque chose à dire ? Quel ton allez-vous employer (polémique, humoristique…) ?

☐ **(c)** Le commerce électronique va-t-il changer le monde autant que la révolution industrielle au XIXe siècle ?

☐ **(d)** Pourquoi le film, malgré cette scène grandiose, cette débauche de moyens, ses effets, ses décors extravagants n'est-il pas, comme le disent déjà les critiques américains, le chef-d'œuvre attendu ?

☐ **(e)** La vidéo créerait plus de problèmes qu'elle n'en résout ? Elle n'en crée pas plus mais autant.

☐ **(f)** Les 1 000 années passées resteront-elles dans les annales de l'histoire ? Sans doute. Mais pour s'en assurer les Américains ont décidé de mettre le millénaire en boîte.

Authentik resource b@nk

---

2. Chaque question de C.1. est formulée selon un certain « type » de question. Ecris à côté de chaque question s'il s'agit de: (I) Intonation, (E) Est-ce que, (A) Adverbe ou adjectif interrogatif ou (S) Inversion du sujet. **Exemple** : <u>Comment</u> va-t-il réussir dans ce film ? = (A) <u>Adverbe interrogatif</u>

3. Ensuite, regarde chaque question de nouveau. Si on mettait la question à la forme affirmative, quel changement devrait-on faire ? Suis l'exemple, complète les affirmations, et note les changements qui se produisent en transformant l'affirmation en question, s'il y en a.

Exemple :
(a) *Affirmation :* Il va réussir dans ce film.

Question : Comment va-t-il réussir dans ce film ?

Changement : ☐ I Inversion, on insère un « t » dans la question 'va-t-il'

(b) Affirmations :
(i) Vous avez vraiment quelque chose à dire.
(ii) Vous allez employer un ton polémique et humoristique.
Questions : (i) _____
_____
(ii) _____
Changements : (i) ☐ _____
_____
(ii) ☐ _____

(c) Affirmation : Le Commerce électronique…
_____
_____
Question : _____
_____
Changements : ☐
_____
_____

(d) Affirmation : Le film, malgré cette scène grandiose (…) n'est pas … _____
_____
_____
Question : _____
_____
Changements : ☐
_____
_____
_____

(e) Affirmation : La vidéo créerait… _____
Question : _____
Changements : ☐
_____
_____
_____

(f) Affirmation : Les 1000 années passées resteront dans… _____
_____
Question : _____
_____
Changements : ☐
_____
_____

© AUTHENTIK 2001

4. Voici un extrait d'une conversation entre Nicolas et Diane au sujet du film « Titanic ». Deux par deux, transformez ce qu'ils disent en interview. Inventez les questions, et menez l'interview en variant le "type" de question tout au long de l'interview (Intonation, Répétition, « Est-ce que », Adverbe / adjectif interrogatif, Inversion du sujet). Commencez par la première question que Diane pose à Nicolas.

> **Diane :** Nicolas, tu viens d'aller voir le film Titanic, alors, à chaud,
> _____ ?
>
> **Nicolas :** A chaud, c'est grandiose ! Grandiose parce que pour un film qui dure plus de trois heures, on ne voit pas le temps passer. On aurait pu rester une heure dans la salle, on est tenu en haleine du début à la fin du film et les décors sont fantastiques donc, un film grandiose. Alors oui, tout d'abord j'allais dire, apparemment, il faut plus d'une heure et demie avant que le bateau ne percute l'iceberg. Mais il y a donc 90 minutes de présentation des personnages, de toute l'intrigue amoureuse qui est autour de ce fait divers, quelle que soit son importance. La première partie nous tient en haleine en nous montrant les personnages. Ah ben, c'est une belle histoire d'amour comme on les connaît avec beaucoup de non-dits. Alors entre Leonardo Di Caprio, le jeune premier que tout Hollywood essaie de s'arracher. Alors, il joue le rôle d'un jeune un petit peu fauché qui finit par gagner son billet de bateau en jouant au poker. Tout simplement. Alors Kate Winslet elle, normalement il n'aurait pas dû la rencontrer parce qu'elle est avec un fiancé riche, snobissime.

Authentik en français Vol. 20 No.5

5. Comparez votre travail avec celui de trois autres personnes. Avez-vous inséré les mêmes questions aux mêmes endroits ? Quels « types » de questions avez-vous utilisées ?

6. Il y a certains « types » de questions qui sont plus utilisés à l'oral qu'à l'écrit. Lesquels ?

D. Questions et prépositions

1. Il y beaucoup de questions qui peuvent se formuler à l'aide de prépositions. Regarde l'exemple et remplis la grille avec les réponses.

Phrase :
« Elle aide le professeur à parler avec sa classe sur le thème "Travailler à l'étranger". »

Questions possibles :	Réponses :
A qui donne-t-elle de l'aide ?	Elle donne de l'aide au professeur.
De quoi parlent-ils ?	
Avec qui parlent-ils ?	

2. Regarde bien les questions de D.1. et réponds à la question suivante :
Dans les questions, pourquoi y a-t-il les prépositions « à », « avec » et « de » ?

© AUTHENTIK 2001

3. Voici quelques affirmations sur le cinéma. Travaille avec un partenaire et invente plusieurs questions pour chaque phrase en utilisant des prépositions. Quel groupe a inventé la liste de questions la plus longue pour une seule affirmation ?

(a) Ce film raconte une histoire romantique qui a lieu dans les années quarante.
(b) Dans ce film il y a deux actrices très connues pour leur longue et illustre carrière.
(c) Le village où cette scène a été filmée se trouve à côté d'un grand lac en Italie.

4. Regarde les questions que tu as inventées sur le cinéma au début de cette unité (exercice A.1.). Quel "type" de question utilises-tu le plus souvent ? As-tu fait des erreurs en les formulant ? Est-ce que tu peux écrire de meilleures questions maintenant, plus variées, plus intéressantes ? Réécris tes questions de A.1.

E. Choisis la question

Retournons à la série de questions ! Formule les questions sur les feuilletons suivants: Les Simpson, Dawson et Ally McBeal et réponds-y. Utilise le plus de « types » de questions possibles.

Ally McBeal
(a) _____ vit Ally ?
(b) _____ est la profession de Renée?
(c) _____ couleur Billy a-t-il teint ses cheveux ?
(d) _____ est le surnom de John ?

QUESTION (a)	QUESTION (b)	QUESTION (c)	QUESTION (d)
Ling	Institutrice	Blonds	Petit John
Renée	Avocate	Roux	Drôle de John
Hélène	Juge	Rouges	Petit Bonhomme

Les Simpson
(a) _____ est envoyé dans une école spécialisée ?
(b) _____ s'appelle le tenancier du bar ?
(c) _____ instrument joue Lisa ?
(d) _____ Marge a-t-elle peur ?

QUESTION (a)	QUESTION (b)	QUESTION (c)	QUESTION (d)
Bart	Barney	du saxophone	du vide
Lisa	Homer	de la trompette	du noir
Maggie	Moe	du piano	de l'avion

Dawson
(a) _____ ville se déroule la série "Dawson's Creek" ?
(b) _____ est le nom de famille de Joey ?
(c) _____ est la passion de Dawson ?
(d) _____ vit Joey ?

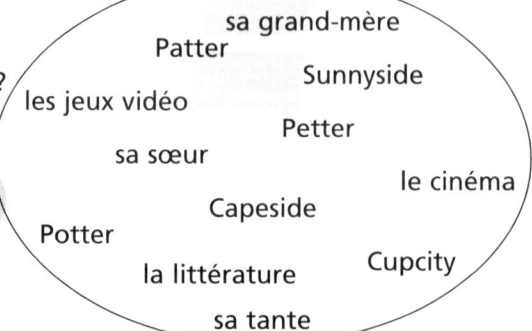

sa grand-mère
Patter
Sunnyside
les jeux vidéo
Petter
sa sœur
le cinéma
Capeside
Potter
Cupcity
la littérature
sa tante

F. Et finalement...

1. Lis l'article ci-dessous. Il s'agit d'un journaliste qui a rempli un formulaire afin de postuler pour un emploi chez McDonald's. (Cette « candidature » chez McDonald's a débouché sur un emploi !)

(i) Nom, prénom : Girard, Emile

(ii) Age : 28 ans

(iii) Position demandée : N'importe quoi. Si j'avais vraiment la possibilité d'être exigeant, je ne serais pas ici.

(iv) Prétentions de salaire : 200 000F par an plus 3% des actions de la compagnie payable d'avance. Si ce n'est pas possible, faites-moi une proposition, nous négocierons.

(v) Education : Oui.

(vi) Montant du dernier salaire : Beaucoup moins que ma valeur réelle.

(vii) Réalisations notoires (dans le cadre de cet emploi) : Une incroyable collection de stylos volés, exhibée en ce moment dans mon appartement.

(viii) Raisons du départ : Voir question 7.

(ix) Horaires de disponibilité : N'importe quand.

(x) Horaires souhaités : De 13 à 15 heures, lundi, mardi et jeudi.

(xi) Votre employeur actuel : Si j'en avais un, je ne serais pas ici.

(xii) Voiture : Oui. Mais la question est mal formulée. Il faudrait plutôt demander « Avez-vous une voiture en état de rouler ? » La réponse serait sans doute différente.

(xiii) Vos plans d'ici cinq ans : Vivre aux Bahamas avec une femme richissime et qui m'adore. A dire vrai, j'aimerais même faire cela dès maintenant si vous avez une solution.

(xiv) Certifiez-vous que les renseignements ci-dessus sont exacts ? Non, mais je vous défie de prouver le contraire.

(xv) Quelle est la motivation principale de votre candidature ? J'ai deux versions un peu contradictoires :

1. L'amour des causes justes, l'humanisme et un désir profond d'aider mon prochain à se restaurer, ou
2. Un fort endettement.

France-Soir
11 janvier 2000

---

2. Formule des questions pour les points (i) à (xiii).

3. Invente de nouvelles questions pour (xiv) et (xv) de façon que les réponses restent inchangées.

4. Maintenant à toi de jouer le rôle du candidat dans l'interview pour un poste chez McDo. Tu n'es pas vraiment sûr de vouloir ce travail alors tu poses des questions au directeur pendant l'interview. Prépare bien tes questions. Demande à un camarade de jouer le rôle du directeur et de répondre à tes questions. Il / elle décidera à la fin de l'interview si McDonald's t'embaucherait ou pas !

Exemple : J'ai les cheveux très courts, est-ce que je serai obligé de porter le filet à cheveux ?

© AUTHENTIK 2001

Up to now you will have used certain negatives such as « ne...pas » and « ne...jamais ».
In this unit you will get the chance to examine more negatives and look at their positions within a sentence.

A. La négation

1. Voici une interview avec Marianne, une jeune Québécoise. Lis-la.

(i) CAROLINE : Alors Marianne, tu fais de la plongée sous-marine ?
     MARIANNE : Oui, depuis deux ans.
(ii) CAROLINE : Et tu pratiques souvent ?
     MARIANNE : Tous les étés, parce que c'est quand même assez cher.
(iii) CAROLINE : Alors tu as besoin de quel équipement ?
     MARIANNE : On a besoin d'un masque, d'un tuba, les palmes. La combinaison et une bombonne d'air.
(iv) CAROLINE : Et tu en fais où de la plongée ?
     MARIANNE : J'en fais dans le fleuve St. Laurent, c'est un endroit très, très beau pour la plongée.
(v) CAROLINE : Est-ce que tu y as vu quelque chose de remarquable ?
     MARIANNE : Je pense que les étoiles de mer c'est le plus beau, c'est vraiment impressionnant.
(vi) CAROLINE : Quel autre sport aimes-tu faire Marianne ?
     MARIANNE : J'adore le patinage.
(vii) CAROLINE : Est-ce que tu as déjà participé à un événement sportif ?
     MARIANNE : Oui, j'ai participé au mini-marathon à Dublin il y a quelques années.
(viii) CAROLINE : Tu es très sportive alors !
     MARIANNE : Oui, j'adore tous les sports actifs.

Authentik en francais Vol. 20 No. 5

2. Imagine cette fois-ci que Caroline n'a pas bien préparé son interview. Elle pose les mêmes questions mais Marianne n'est pas sportive du tout ! Voici les réponses qu'elle donne aux questions. Indique à quelle question correspond chaque réponse.

Réponse	Question
(a) Je n'ai besoin de rien !	☐
(b) Non, je ne le suis pas du tout !	☐
(c) Non, jamais !	☐
(d) Je n'en fais nulle part !	☐
(e) Je n'ai rien vu, parce que je n'y suis jamais allée !	☐
(f) Non, je ne pratique jamais !	☐
(g) Aucun !	☐
(h) Non, je n'en fais pas !	☐

3. Voici des gros titres de journaux français. Souligne toutes les négations que tu trouves. (ne + adverbe négatif)

Les Français ne se préparent pas encore à payer en euros. Ils ne considèrent pas le changement problématique.

Accusé de dopage, l'athlète Dieter Baumann n'en finit pas de courir après la vérité.

" Mes clients ? Ils ne parlent que de cela, ils n'ont plus le moral. "

Assistance Internet : peut mieux faire. "Je ne peux rien faire pour vous ", lâche l'opératrice de Comundo après cinq minutes d'attente.

Un soleil qui ne fait pas le printemps- le soleil arrive mais la pluie n'est pas encore complètement partie.

Le ministère du Transport a confirmé hier qu'il n'y aura pas de trains dans le nord du pays à partir de huit heures du matin demain à cause d'une grève.

Les femmes n'ont pas eu l'occasion de se défendre jusqu'à maintenant. Ce procès leur donne cette liberté d'expression dans le domaine du travail.

MNEF : le « grand procès » n'aura pas lieu. Justice après trois ans d'enquête, les juges épargnent étrangement les personnes physiques pour charger syndicats ou associations.

Corse : les profs refusent l'exil. Deux syndicats réclament, de la part de l'Education nationale, des solutions spécifiques propres à permettre aux enseignants insulaires de ne pas quitter leur région.

Billy Higgins ne sourit plus - Le batteur du gotha du jazz, présent sur 700 albums, est mort jeudi.

4. Regarde les négations des exercices A.2. et A.3. Remplis la grille avec les négations appropriées.

(a) Voici les contraires de certaines négations. Ecris les négations.			(b) Quelle serait la réponse négative pour chaque question suivante ?		
	Tout			Que?	
	Absolument		**Exemple:**	Quel? — *Aucun(e)*	
	Toujours			Qui?	
Exemple:	Partout — *Nulle part*			Déjà?	
				Où ?	
				Quand?	

B. Position des négations

1. En travaillant avec les phrases de A.3. fais les exercices suivants.

(a) Présent

(i) Nous te donnons un exemple d'une phrase négative au Présent. Trouve un autre exemple et écris-le en soulignant les négations.

Exemple : Billy Higgins <u>ne</u> sourit *plus*
Autre exemple :
_____

(ii) Regarde la position des négations dans la phrase. Si on devait faire un "sandwich" avec les négations, que trouverait-on au milieu ?

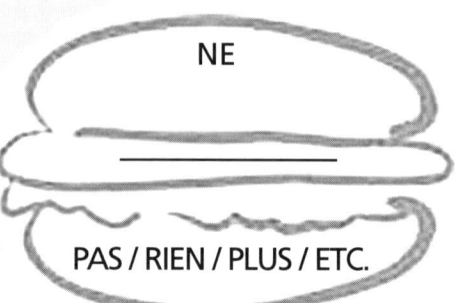

(b) Passé Composé

(i) Maintenant on fait le même exercice avec des phrases au Passé Composé. Voici un exemple.

Exemple : ...la pluie <u>n</u>'est <u>pas encore</u> complètement partie
Autre exemple :
_____

(ii) Et si on devait faire un "sandwich" avec les négations dans une phrase au Passé Composé, où mettrait-on les éléments suivants ?

• participe passé   • ne   • pas / rien / plus etc.   • auxiliaire

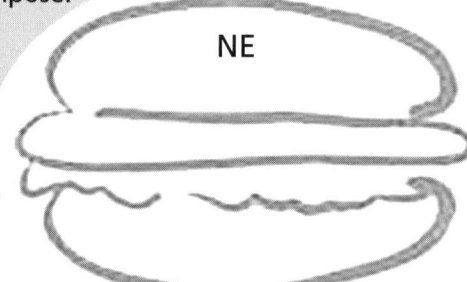

(c) Futur

(i) Est-ce que les phrases au futur suivent les mêmes règles que les phrases au Passé Composé ou au Présent ? Trouve deux phrases au futur dans l'exercice A.3. et note-les.
• _____
• _____

(ii) Crée maintenant le "sandwich" pour les négations au futur.

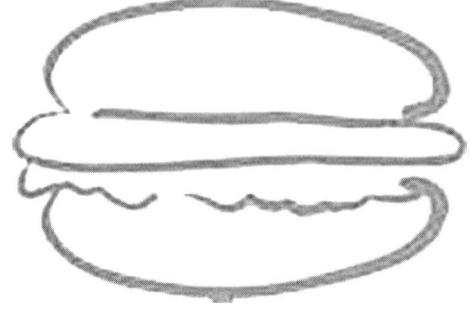

Dans les phrases au Passé Composé et à l'Infinitif, certains adverbes négatifs ne suivent pas la règle. Les adverbes négatifs de cette liste sont...
personne, que, ni...ni, aucun

Regarde les exemples donnés et décide où se positionnent les négations.

Exemples :
Passé Composé : *Il n'a vu personne.*
Quelle est la position des négations ?

Infinitif : *Elle préfère ne voir que ses copains.*
Quelle est la position des négations ?

ATTENTION GRAMMAIRE

© AUTHENTIK 2001

(d) Infinitif

(i) Quand on combine une négation et un infinitif dans une phrase, que se passe-t-il ? Voici un exemple.

Exemple: Elle préfère ne pas sortir ce soir.

(ii) Ecris la règle expliquant la position de la négation dans une phrase avec un infinitif.

_____

_____

(iii) Ecris maintenant une phrase avec une négation et un infinitif.

_____

(e) Pronoms

(i) Trouve deux phrases négatives dans A.3. qui contiennent des pronoms. Note-les.

_____

_____

(ii) Où se situent les pronoms dans ces phrases ?

_____

2. Regarde les phrases suivantes écrites par des étudiants de français. Il y a quelques erreurs. Peux-tu les identifier et les corriger ?

(a) Elle ne pas veut passer ses examens.
(b) Si je gagnais au lotto je ne plus travaillerais.
(c) Je suis désolé, je n'ai le pas vu.
(d) Il m'a conseillé de ne investir pas mon argent dans les actions.
(e) Il a ni bon sens ni intelligence.
(f) Ils n'ont aucun homme vu.
(g) Il a aucune idée originale.
(h) Tu veux que je t'emmène à l'école ? Je suis désolé. Je ne peux pas faire le.

3. De l'argent vient d'être volé dans l'un des casiers à l'école. Chaque élève doit dire pourquoi il / elle ne pourrait pas être le voleur. Maintenant à toi ! Voici ce que tu dois mentionner :

ne… pas + *approcher, ne… rien* + *voler, ne… jamais* + *croire, ne… personne* + *voir, aucune* + *preuve, ne… ni… ni* + *besoin… raison. (Ecris l'explication sur une* **Data Collection Chart** *et ajoute-la à ton classeur.)*

C. Un, une, du, de la, de l', des

1. Quand on parle de quantités dans une phrase négative, « un », « une », « du », « de la », « de l' », et « des » changent. Que deviennent-ils ? _____

2. (a) Voici un titre de journal suivi par ce qui dit le chef du syndicat sur le sujet.

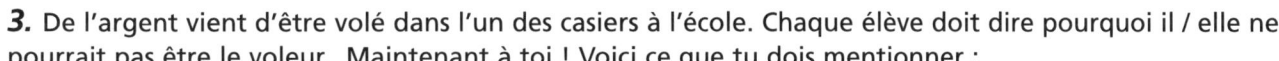

« Le ministère du Transport a confirmé hier qu'il n'y aura pas de trains … à cause d'une grève »

« Les membres de mon syndicat ont beaucoup d'initiative. Ils ont de l'ambition et veulent améliorer leur situation. Le chef de réseau reçoit des plaintes des conducteurs sur les passagers et leurs mauvaises attitudes. Il faut avoir du courage pour faire grève. Ces hommes ont un travail qu'ils adorent et un bon rapport avec le public qu'ils ne veulent pas perdre. »

(b) Toi, un passager mécontent, tu réponds au chef du syndicat, en désaccord avec tous ses points.

3. Retourne à la question C.1., peux-tu vérifier ta réponse maintenant ?

© AUTHENTIK 2001

D. La négation comme sujet

1. (i) Regarde les phrases suivantes sur l'environnement. Une des phrases contient  une négation comme sujet grammatical. Laquelle ? Entoure la négation.

- Malgré tous les efforts effectués pour que les CFC ne soient plus utilisés, il ne faut pas espérer voir l'état de la couche d'ozone s'améliorer avant le milieu du XXIème siècle...
- Personne en Europe ne s'occupe de l'environnement comme ils le devraient. Ils ne l'ont jamais fait, ils ne le feront jamais.
- Un jour il y aura une essence qui, une fois brûlée, ne produira que de la vapeur d'eau, au lieu de plomb, soufre, monoxyde ou dioxyde de carbone.

(ii) Que remarques-tu sur la position de « ne » dans la phrase que tu as choisie? Coche les cases.

		Vrai	*Faux*
(a)	Le « ne » vient avant le verbe conjugué	☐	☐
(b)	Le « ne » vient après le verbe conjugué	☐	☐
(c)	Le « ne » peut être omis	☐	☐

2. Voici d'autres négations qui peuvent s'utiliser comme sujet de la phrase. Termine les phrases au Présent avec la négation indiquée. Es-tu d'accord avec ces affirmations ?

• *D'après certains scientifiques, les aérosols ne posent aucun danger pour l'environnement. Mais, (rien) (être prouvé)* _____
_____

• *C'est dans les grandes villes que la plus grande quantité de déchets est produite. (Aucun industrie en particulier) (se sentir assez responsable pour trouver une solution)* _____
_____

• *Nous avons tous le pouvoir d'améliorer la situation de la pollution dans notre quartier. (Personne) (nous empêcher d'organiser une décharge publique pour les produits en papier)* _____
_____

3. (a) Maintenant lis l'opinion de Julie sur ce thème. Souligne les négations.

• Aucun des candidats élus n'a respecté ses promesses en matière d'environnement.
• Pourquoi les jeunes ne se sentent pas plus concernés par l'avenir de la planète ? Ils ne se sentent pas soutenus, aucune véritable organisation qui pourrait les regrouper n'existe.
• Personne n'a oublié la catastrophe de Tchernobil, encore aujourd'hui aucune étude ne fait état des conséquences néfastes sur notre environnement et notre santé.

(b) Mets ces phrases à l'affirmatif.

4. Réunis maintenant toutes les négations de cette unité dans le cercle suivant.

E. Et maintenant, à toi !

1. Tu es en vacances en France et tu vois qu'il y a un gros problème de déchets dans les rues et sur les plages dans le village où tu séjournes. Tu écris une lettre au conseiller municipal en te servant du vocabulaire donné et de quelques expressions négatives du cercle de D.4. Ecris la lettre sur un *Data Collection Chart* (voir www.authentik.com) et insère-le dans ton *Grammar Resource Folder*.

- La contamination sur les plages
- Les oiseaux et les poissons
- Les poubelles devant les magasins
- L'emballage écologique
- Le recyclage

2. Dessin animé !

Une femme et son mari font un tour en voiture. Qu'est-ce qu'elle lui raconte ?
Sers-toi des négations que tu as utilisées dans cette unité et du vocabulaire ci-dessous.

Une impasse   Un rond-point   Un virage

Une chute de pierres   Tourner

Un dos-d'âne   Une route glissante

« Albert ! Tu sais que tu ne peux pas tourner à droite ici ! Tu n'as jamais …

_____

_____

_____

_____

www.CartoonStock.com

© AUTHENTIK 2001

Upon completion of this unit you will feel more confident in the use of the subjunctive in both the past and present tenses. You will also be familiar with many expressions which are followed by the subjunctive.

A. Reconnaître le subjonctif

1. Voici une lettre que Nicolas a reçue de sa maman récemment. Lis-la et remplis les cases avec les réponses nécessaires.

Cher Nicolas,

Je suis très contente que tu aimes l'Irlande et j'espère que tu as déjà amélioré ton anglais ! Souviens-toi, tu n'es pas là-bas seulement pour t'amuser mais aussi pour apprendre !

Avant que tu ne dépenses tout ton argent en sortant tous les soirs avec tes copains, il faut que je te dise que ton frère va enfin se marier ! Donc, je pense qu'il vaut mieux que tu commences à économiser un peu d'argent afin que tu puisses venir.

Je regrette de ne pas pouvoir t'envoyer plus d'argent mais je pense qu'il suffit que tu trouves un petit boulot à mi-temps pour en gagner un peu plus, n'est-ce pas ? Je ne pense pas que ça te prenne trop de temps.

J'aimerais que tu sois là pour le mariage, alors dis-moi comment vont tes économies et on te verra bientôt !

Gros bisous,
Maman

© Authentik

• tous les verbes au subjonctif 	• expression d'émotion 	• expression de doute ou d'incertitude 
• expression de préférence/souhait 	• conjonctions qui prennent le subjonctif 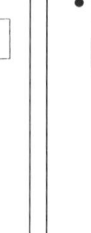	• phrases impersonnelles

2. Note d'autres exemples personnels dans les cases de A.1. afin d'avoir une grande liste d'expressions suivies du subjonctif.

3. (i) Parmi les expressions qui suivent, lesquelles ne prennent pas le subjonctif ?
    (ii) Mets les autres expressions dans les cases appropriées de A.1.

> *Il me semble que. Tout le monde craint que. Il est dommage que.*
> *Elles espèrent que. Il est probable que. Il est temps que.*

B. Reconnaître le subjonctif présent

1. Regarde les verbes que tu as trouvés dans la lettre (exercice A.1.) et écris-les à l'infinitif.

2. Après avoir examiné les verbes de la lettre, complète cette règle sur la formation du subjonctif :

Take the "ils" form of the verb in the _____ tense. Remove the ending and add the subjunctive endings to the stem. The endings for regular "er", "ir" and "re" verbs are "e", _____

3. Y a-t-il des verbes irréguliers au subjonctif dans la lettre ? Lesquels ? Ecris-les à l'infinitif.

_____

⚠ **ATTENTION GRAMMAIRE** Les expressions " Avoir peur que " et " Craindre que ", prennent " ne " avant le verbe, même si cela n'a pas un sens négatif.

Exemple : <u>Nous avons peur que </u>Marianne **ne** <u>sache</u> la vérité.
(nous pensons qu'elle est au courant de la vérité)

4. Voici les points clés de la réponse de Nicolas à sa Maman. Peux-tu écrire sa lettre ?

Chère maman,
Merci beaucoup pour ta lettre.
Je suis étonné que ... se marier - il est probable que ... prendre ... un boulot à mi-temps - jusqu'à ce que ... terminer les examens - il se peut que...une amie venir - je pense que ... valoir mieux que... réserver les billets ... tôt - à condition que ... disponible(s)

A bientôt.
Gros bisous,
Nicolas

_____
_____
_____
_____
_____
_____
_____
_____

© AUTHENTIK 2001

C. Subjonctif passé

1. Lis les phrases suivantes. Quelle est la différence entre les phrases de gauche et celles de droite ? Fais attention aux verbes soulignés.

> " Avant que <u>tu ne dépenses</u> tout ton argent " --" Avant que <u>tu n'aies dépensé</u> tout ton argent "
>
> " Je suis très contente que <u>tu aimes</u> l'Irlande " -- " Je suis très contente que <u>tu aies aimé</u> l'Irlande "
>
> " J'aimerais bien que <u>tu viennes</u> pour le mariage " -- " J'aurais bien aimé que <u>tu sois venu</u> pour le mariage "

2. A partir de ce travail, réponds aux questions suivantes.

(a) Le subjonctif passé se forme avec les verbes " avoir " ou " être " au subjonctif présent, suivis du participe passé du verbe. Vrai ou faux ?

(b) Termine la liste : Le subjonctif présent du verbe " avoir " :

j'aie, tu aies, _____

(c) Remplis les blancs avec les formes suivantes du verbe " être " au subjonctif présent:
soyons, sois, sois, soient, soit, soyez

je _____, tu _____, il/elle _____, nous _____, vous _____, ils/elles _____.

3. Lis les extraits d'informations suivants et exprime des jugements dans le passé sur chaque information.

Les milliardaires contre la suppression des droits de succession
Une brochette de plus de 120 Américains richissimes, parmi lesquels George Soros, Paul Newman, le père de Bill Gates et deux Rockefeller, se sont associés pour publier une pétition dans la presse. Ils demandent... le maintien de l'impôt sur la succession.

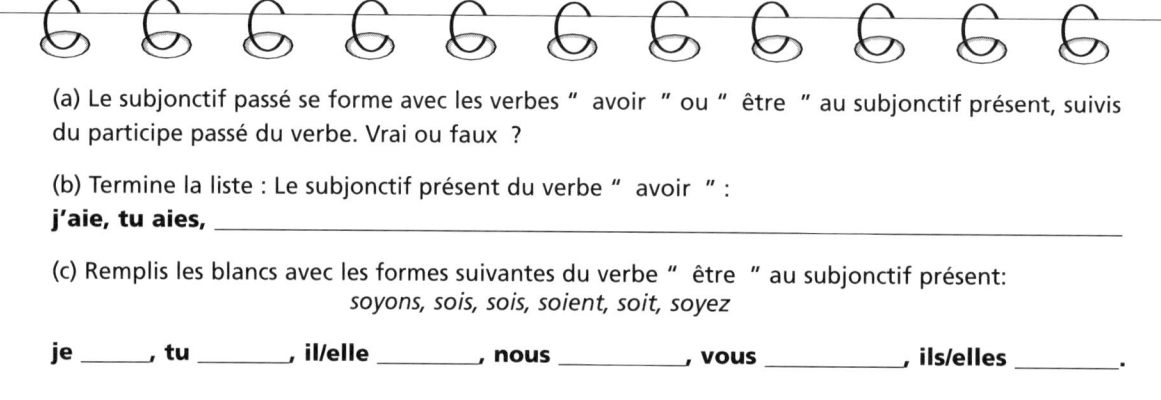

Exemple :
Je trouve extraordinaire que ces milliardaires aient pu publié leur pétition.

(a) Termine cette phrase avec le verbe donné : Il est incroyable qu'il y (avoir) _____ tant d'Américains sur la liste de milliardaires.

Mafiaboy, un «gamin» face aux juges
Accusé d'avoir paralysé plusieurs grands sites en 2000, le jeune Canadien comparaît à partir d'aujourd'hui. Il risque deux ans de prison. C'est un adolescent anglophone qui vit avec son père et sa belle-mère dans une banlieue cossue de Montréal.

Termine les phrases : (b) Je doute que ce garçon...
(c) Il est probable qu'il...

Orage
L'orage a tout emporté sur son passage vendredi à Palavas, dans l'Est et en région parisienne. Hier, c'était au tour du Pays basque. Cinq minutes. Vendredi soir, il n'a pas fallu plus de temps à la tempête pour précipiter au sol la grande roue du parc d'attractions de Palavas-les-Flots.

Termine les phrases : (f) Il est incroyable que personne...
(g) Il semble que cette nuit...

Du bois gratuit
Dès demain, Parisiens et habitants des communes riveraines des bois de Boulogne et de Vincennes pourront se procurer du bois de chauffage gratuitement. Le maire de Paris, Jean Tiberi, a décidé d'offrir une part importante du bois récupéré après les chutes d'arbres provoquées par la tempête du 26 décembre.

Termine les phrases :
(d) Cela m'étonne que...
(e) A mon avis, le maire a offert le bois de peur que...

Sud inondé : L'apocalypse
19 morts, 9 disparus
« Il était 1h 45 hier matin. Je rentrais chez moi. J'ai senti ma voiture partir, inexorablement aspirée. J'ai réussi à sortir, à m'agripper à un pylône. » Romain Larrigole (21 ans) est épuisé mais sain et sauf.

Termine les phrases :
(h) Je suis étonné que Romain...
(i) Il se peut que...

© AUTHENTIK 2001

Authentik **resource b@nk**

D. Jeu

1. Chaque équipe a 30 secondes pour inventer une phrase grammaticalement correcte. Vous devez utiliser la construction et le mot spécifiés dans la proposition du numéro choisi.

Exemple :

• Equipe A choisit le numéro 6 et doit utiliser la construction " vouloir que " avec le mot " parachute ", en formulant une phrase complète et correcte en 30 secondes.
  ### *Exemple :* **Je veux que tu ouvres mon parachute !**

• S'ils n'arrivent pas à le faire, l'équipe suivante a 20 secondes pour formuler une phrase avec " vouloir que " et " parachute ".

• S'il faut passer la phrase à une troisième équipe, ils ont 10 secondes.

• Chaque fois qu'une équipe formule une phrase correcte, elle gagne le nombre de points qui correspond aux secondes écoulées pour la formuler.

(*Exemple :* **première équipe - 30 secondes = 30 points)**

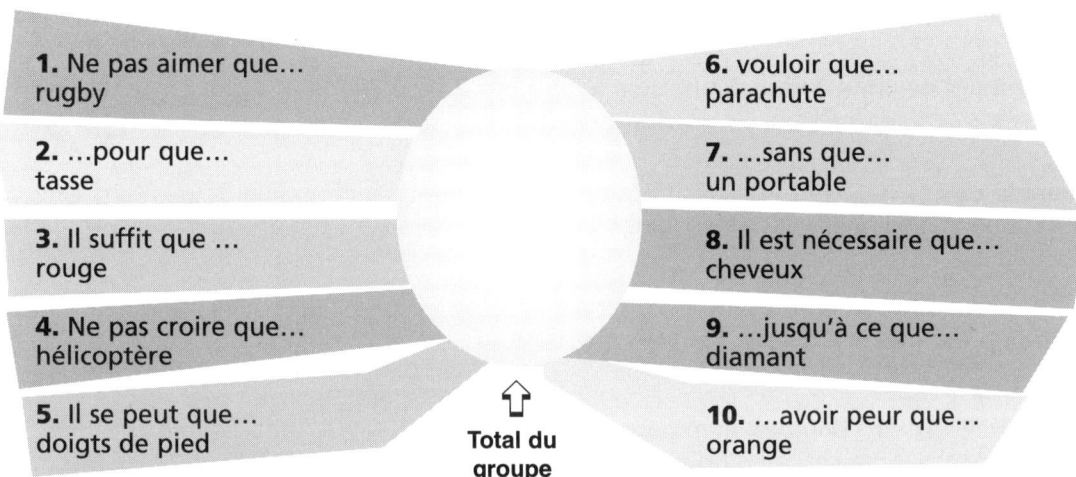

1. Ne pas aimer que…
rugby

2. …pour que…
tasse

3. Il suffit que …
rouge

4. Ne pas croire que…
hélicoptère

5. Il se peut que…
doigts de pied

⇧
Total du groupe

6. vouloir que…
parachute

7. …sans que…
un portable

8. Il est nécessaire que…
cheveux

9. …jusqu'à ce que…
diamant

10. …avoir peur que…
orange

2. Maintenant que vous savez comment marche ce jeu, vous pouvez inventer vos propres exemples d'expressions et de vocabulaire mais cette fois-ci, inventez-les au subjonctif passé.

3. Courrier du cœur

Tu as reçu une lettre d'un jeune homme qui a signé sa lettre " H ". Il te demande des conseils. Voici la liste des problèmes qu'il rencontre à la maison en ce moment. Conseille-le. Sers-toi de plusieurs expressions au subjonctif pour bien exprimer ton point de vue.

• Son petit frère l'énerve
• Ses parents le poussent à étudier à toute heure
• Il doit beaucoup aider à la maison
• Il n'a pas le droit de trouver un petit boulot
• Il doit demander de l'argent s'il veut sortir le soir

Commence la lettre ainsi :

Cher H,

Il faut que tout ça change,...

© AUTHENTIK 2001

In this unit you will revise many different types of French pronouns and remind yourself of what they are and how to use them. Not every pronoun is covered in this unit, so when you have completed these exercises, consult a grammar book to fill in any gaps you might have. This unit has been divided into two parts.

Pronoms I

A. Vérifions ce que tu sais déjà !

Voici des extraits de textes tirés de la presse française. Choisis les pronoms corrects pour compléter les phrases.

- De retour en France, la plupart des athlètes doivent chercher un emploi pour vivre et découvrent qu'on ne **s' / les / l'** attend pas.

- Voici un de ces albums de rock **les / quoi / qui** ont marqué le XXème siècle.

- Ce film relate l'affrontement entre un policier et un criminel. Il **se / nous / la** montre aussi une Amérique peu reluisante. **Leur / La / Celle** du racisme et des ghettos noirs hispaniques.

- Je **te / le / me** décide enfin à vous écrire. Je n'ai plus envie de sortir, je n'ai plus envie de rien faire.

- Voici l'homme **dont / qui / le** toutes les filles françaises rêvent. Apparemment, aux Etats-Unis, pays où il réside actuellement, les américaines **s' / les / l'** apprécient beaucoup !

- Finalement, elle **s' / l' / en** enfuit pour Dakar, où elle récupère un billet d'avion. Son ami **le lui / se lui / lui le** a fait parvenir. Elle **la / s' / lui** doit tant.

- Elle a enchaîné les «petits boulots» comme vendeuse ou serveuse: « Je tenais quelque temps mais je **en / moi / m'** en allais, n'en pouvant plus. Les horaires de travail ne sont pas **celles / les / ceux** de l'école».

- Ce sont mes frères. Ce **qui / que / y** leur arrive est terrible. Ils **moi / me / se** font de la peine. **Leur / Ceux / Eux**, ils ont beaucoup souffert.

- Nous n'avons maintenant besoin que de deux cent mille francs grâce à votre générosité. Un donateur anonyme **nous / s' / nous** a offert vingt mille francs hier.

- Il n'a pas envie d'acheter une maison en Angleterre. Ses parents **la / lui / en** ont déjà une et il passera la période de tournage dans **la leur / le notre / la sienne.**

- Jonathan Edwards est une énigme pour **se / le / lui** -même. Le 7 août 1995, aux championnats du monde de Göteborg, il saute 18,19m au premier essai; 18,29m au deuxième, devenant le premier triple sauteur au-dessus de 18 mètres. En trois semaines, il venait d'améliorer son record personnel de 30 centimètres. Comment? Il **se le / le se / lui** se demande toujours.

© AUTHENTIK 2001

B. Pronoms objet direct / indirect

1. Dans cette phrase, il y a un pronom objet direct et un pronom objet indirect. Réponds aux questions (a), (b) et (c).

> **Finalement, elle s'enfuit pour Dakar, où elle récupère un billet d'avion. Son ami le lui a fait parvenir.**

(a) Que remplace le pronom « le » dans la phrase ? _____

(b) Que remplace le pronom « lui » dans la phrase ? _____

(c) L'un des pronoms est un pronom objet direct et l'autre un pronom objet indirect. Peux-tu les identifier ? Comment ?

2. Dans les phrases suivantes, décide à quoi se réfèrent les pronoms soulignés. C'est plus facile si tu réécris d'abord la phrase sans pronom. Ensuite décide si le pronom est un pronom objet direct (dir.) ou un pronom objet indirect (ind.).

Exemple : Si tu as besoin de la voiture aujourd'hui, alors ne <u>me</u> <u>la</u> prêtes pas.
Sans pronoms : ...alors ne prêtes pas <u>la voiture</u> 'à moi'. (**Note :** En realité, on ne peut pas dire 'à moi')
Pronoms :   <u>Me</u> = à moi (ind.)   <u>La</u> = la voiture (dir.)

(a) Les restaurants « fastfood » ne doivent pas <u>nous</u> faire croire que les Français ont cédé aux habitudes alimentaires anglo-saxonnes.
• Les restaurants « fastfood » ne doivent pas _____
Nous = _____

(b) Voici tes frères. Je <u>les</u> attends depuis une demi-heure. Où étaient-ils ?
• J'attends _____
Les = _____

(c) Ce livre n'est pas à toi, Geoffroy, c'est à ton frère. Donne-<u>le-lui</u>.
• Donne _____
Le = _____   Lui = _____

(d) Dans cette nouvelle ère, c'est un autre chemin que je <u>vous</u> propose de suivre.
• C'est un autre chemin que je _____
Vous = _____

(e) Où est la robe que tu viens d'acheter ? Je veux <u>la</u> voir.
• Je veux _____
La = _____

(f) Est-ce que Ludovic est déjà parti ? Je suis venu <u>lui</u> dire au revoir.
• Je suis venu _____
Lui = _____

(g) Les inspecteurs du permis de conduire ont une vie bien dangereuse ! Personne ne <u>les</u> aime.
• Personne _____
Les = _____

© AUTHENTIK 2001

PRONOMS

3. Maintenant, note dans les cases les points clés à retenir sur les pronoms objet directs et les pronoms objet indirects.

Pronoms objet direct	Pronoms objet indirect

4. Tu as vu un incident entre deux jeunes et tu dois écrire un rapport pour la police. Dans l'exercice décide s'il faut utiliser un pronom d'objet direct ou indirect dans chaque phrase et écris les rapports. Voici les détails.

(a) **Jeune 1**

regarder méchamment, demander une cigarette, parler brusquement, pousser, suivre, crier après

Il s'est approché de l'autre jeune homme et l'a regardé méchamment, _____
_____
_____
_____
_____
_____
_____ *... et c'est là que la police est arrivée.*

(b) **Jeune 2**

ne pas faire attention, dire qu'il n'avait pas de cigarette, répondre gentiment,
ne prêter aucune attention, passer devant, ne pas répondre

Il faisait la queue pour aller au match, quand l'autre jeune homme s'est approché, il n'a pas fait attention à lui, _____
_____
_____
_____
_____
_____
_____ *... et c'est là que la police est arrivée.*

© AUTHENTIK 2001

C. *Pronoms relatifs*

1. Lis les nouvelles du monde de la musique. Les phrases qui résument les informations sont coupées en deux et il manque des pronoms. Choisis l'un des pronoms : « qui, que, dont, où » pour relier les phrases.

Infos !

- Découverte il y a quelques mois grâce à son titre "Avant de Partir", qui s'est imposé à la tête du hit-parade, la belle Eve nous revient avec un nouveau single et surtout avec un premier album.

- Le nom de son album solo, "The Ecleftic", résume parfaitement l'essence de cet opus et de monsieur Wyclef Jean. Talentueux producteur, musicien et interprète, Wyclef remporte autant de succès en solo qu'avec les Fugees.

- Robbie Williams admet être fan de David Beckham. Le chanteur avoue qu'il admire le joueur de foot, et qu'il est même attiré par sa femme, Posh Spice. Robbie explique qu'il respecte David pour son comportement dans la vie et sur le terrain de foot.

- Un grand « rave » aura lieu dans quinze jours. Pour ceux qui ne connaissent pas ce genre de fêtes, il s'agit d'un mouvement culturel, d'une musique underground anti-commerciale, souvent proche de l'idéologie libertaire.

- Paris s'apprête à chavirer pendant un mois au rythme du bandonéon, des pas glissés et des claquements de talons pour célébrer le tango. Cette danse a fait de la capitale française la sœur de Buenos Aires.

- Chanteur du mythique combo punk-rock new-yorkais The Ramones, Joey Ramone est décédé dans un hôpital de New York des suites d'un cancer du système lymphatique. Né Jeffery Hyman en 1951, Joey Ramone avait formé les Ramones en 1974.

Résumés:
i. Le Tango, c'est la danse
ii. Le footballeur
iii. C'est la musique underground
iv. Wyclef Jean est l'un des musiciens
v. C'est à New York
vi. « Avant de partir » c'est le titre du nouveau single d'Eve, la chanteuse

où	dont	qui	que

(a) a été découverte il y a quelques mois.
(b) a fait de la capitale française la sœur de Buenos Aires.
(c) on peut entendre dans une « Rave party ».
(d) Robbie admet être fan est David Beckham.
(e) faisait partie du groupe les « Fugees ».
(f) Joey Ramone est décédé.

2. Regarde les phrases que tu as écrites et réponds aux questions suivantes avec l'un des pronoms : **qui, que, dont, où**

(a) Quel pronom, sujet du verbe qui suit, peut s'utiliser soit pour une personne soit pour un objet ? _____

(b) Quel pronom peut s'utiliser pour une personne ou un objet et est en même temps le complément d'objet direct du verbe qui le suit ? _____

(c) Quel pronom remplace une phrase qui commence avec « de » ? _____

(d) Quel pronom peut s'utiliser pour exprimer la possession ? _____

(e) Quel pronom peut s'utiliser pour faire référence à un endroit ou à une époque au passé ? _____

© AUTHENTIK 2001

D. *Pourquoi utiliser des pronoms ?*

1. Lis le texte suivant. Il y a trop de répétitions, n'est-ce pas ? Réécris-le en remplaçant les mots trop souvent répétés par des pronoms et en enlevant les mots qui ne te semblent pas essentiels.

Voici les pronoms que tu peux utiliser : ***en, le, la, lui, nous, les, y, me, te, les, leur***

Exemple : qu'en prendre

« Moi, quand j'étudie, je bois toujours beaucoup de café, même si je sais <u>que prendre</u> beaucoup de café est mauvais. Ma mère râle parce qu'en plus, j'étudie avec de la musique, et je mets la musique très fort. Ma mère me dit que si je mets la musique si fort, il est impossible que je puisse bien étudier. J'explique à ma mère que sans la musique je n'arrive pas à étudier. Quand je peux, j'aime étudier avec un copain. Comme ça, nous pouvons nous poser des questions et j'aide mon copain. Je ne prends jamais de notes même si je sais que les professeurs préfèrent qu'on prenne des notes. Moi, j'étudie directement avec le livre, je souligne des phrases du livre et c'est tout. »

2. Peux-tu dire pourquoi il est préférable d'utiliser des pronoms dans un texte écrit comme celui-ci ?

Pronoms II

A. *Grouper les pronoms*

1. Réunis tous les pronoms que tu as trouvés jusqu'à maintenant dans cette unité. On te donne quelques exemples pour t'aider.

Pronom :	Je	Tu	Il	Elle	Nous	Vous	Ils	Elles
réflexif								*se*
emphatique		*toi*						
complément d'objet indirect	*me*							
complément d'objet direct				*la*				
possessif						*le vôtre*		

Pronoms interrogatifs	*Que...?*
Pronoms démonstratifs	*celui,*
Pronoms relatifs	*ce qui, que,*
Autres pronoms	*y,*

2. Maintenant, essaie de remplir la grille entière. Si nécessaire, consulte un livre de grammaire.

*N'oublie pas de consulter notre **Grammar Reference Tool** pour des exemples de chaque pronom*

GRAMMAR
REFERENCE
TOOL
www.authentik.com

B. Pratique

1. Voici un extrait d'une conversation entre Véronique et Patrick à propos de leurs groupes favoris. Mais, il manque des pronoms. Peux-tu les insérer dans les blancs du texte ? (Cet exercice est plus facile à haute voix)

Voici les pronoms qui apparaissent dans le texte : **les, qui, quoi, dont, me, s', moi, le mien, y, toi, en**

> **Véronique** : Et ◆ Patrick, ton groupe préféré c'est ✿ ?
> **Patrick** : C'est un groupe français, ✪ ◗ appelle l'affaire Louis Trio. Trio, parce qu'ils sont trois jeunes garçons ✪ viennent de Paris, je pense.
> **Véronique** : Et pourquoi tu ✳ aimes ?
> **Patrick** : J'aime leur musique parce que c'est un mélange de salsa, de samba et de rock. Ça ✤ donne envie de danser. Ma chanson préférée ◗ appelle "Bois ton café", une petite chanson facile à retenir, facile à apprendre qu'on peut écouter comme ça, le matin, ✪ nous donne une petite envie de commencer la journée, en buvant du café, en dansant un peu…
> Et ◆ , c'est ✿ ton groupe préféré ? C'est comme ■ , un groupe ✪ fait de la musique rhythmée ?
> **Véronique** : Je n'ai pas vraiment de groupe préféré. En ce moment j'écoute beaucoup les Rita Mitsouko, c'est un groupe français, il y a simplement une chanteuse et un guitariste… et je ✳ aime parce qu'en fait ils ont une musique très entraînante, très rhythmée, ❤ ✪ ✤ donne envie de bouger, même s'ils abordent des sujets ✪ on n'entend pas parler souvent dans les chansons. En général, ◆ , j'aime bien les chanteurs ✪ ont un message à donner…ouais, ce genre de musique.
>
> © **Authentik** en français Vol.22 No.2

2. Les symboles utilisés signifient que les pronoms appartiennent à certains groupes de pronoms.

Exemple : ✪ = pronoms relatifs. Peux-tu identifier tous les groupes ?

◆ =	✿ =	◗ =	✳ =	✤ =	■ =	❤ =

3. Voici des phrases où il en manque les pronoms. Complète-les.

(a) Madonna est actuellement en train de réunir les musiciens (i) _____
(ii) _____accompagneront lors de sa prochaine tournée mondiale. Parmi eux, un Français, Jacques Lu Cont, membre du groupe Les Rhythmes Digitales.

(b) Janet Jackson serait très inquiète de la récente arrivée de Mariah Carey dans sa maison de disques, Virgin Records, Mariah Carey a empoché un contrat record avec la firme (i) _____ assurant 16 millions de livres (environ 70 millions de francs) par album alors que la cadette du clan Jackson, (ii) _____ , ne touche « que » 7 millions de livres (environ 70 millions de francs) par album.

(c) Ricky Martin : …Il fait partie de la chorale de son école dès son jeune âge et (i) _____inscrit dans divers clubs de théâtre. A l'âge de douze ans il intègre Menudo, un groupe (ii) _____ fait fureur en Amérique latine.

(d) Interview avec Britney Spears : « Baby One More Time » est un titre que j'adore, car je _____ dois énormément, même si, quelquefois, à force de l'entendre, j'ai vraiment envie de pleurer…(Rires.)

(e) Mon ami m'a offert des billets pour le dernier concert de Marilyn Manson. Je (i) _____ (ii) _____ ai rendus. A mon avis, ce mec n'est pas un vrai musicien

(f) A mon avis il _____ a trop de « boy-bands » en ce moment. On manque de musique de bonne qualité.

(g) Après des débuts prometteurs en 1989 des Manic Street Preachers avec le single « Suicide Alley », suivi d'albums plus confidentiels, leur carrière démarre réellement en 1996 avec « A design for life », un album couronné d'or et de succès (i) _____ (ii) _____ permet de toucher un large public.

C. Guide de l'idiot

Tu as l'opportunité de devenir prof ! Tu dois choisir un type de pronom (*exemple :* Pronom possessif, pronom démonstratif, etc.) et sous le titre de « Guide de l'idiot » prépare soit une affiche qui explique clairement comment l'utiliser, soit un cours de trois minutes que tu présenteras à la classe.

© AUTHENTIK 2001

WORKSHEET

RECEIVED

- 2 JUN 2003

LIBRARY

© AUTHENTIK 2001